D.カーネギー協会◆編
片山陽子◆訳

D.カーネギーの会話力

Dale Carnegie
Communicating Your Way to Success

創元社

Communicating Your Way to Success
By Dale Carnegie & Associates, Inc.

D・カーネギーの会話力◆目次

装幀◆日下充典

はじめに
◆◆◆コミュニケーションは双方向のハイウェイ

人と世間との接触のしかたは四通りあり、その四通りしかない。それだけの接触で、人は評価され、分類される。それはその人間が何をするか、人からどう見えるか、何を言うか、それをどのように言うか、である。

デール・カーネギー

今日ではコミュニケーションが、すなわち私たちが何を言うか、それをどのように言うかが人生の成功と失敗をわける大きなカギといっていい。政治の世界であれ、産業界であれ、教育の分野であれ、偉大なリーダーたちはみなコミュニケーションの力にひいでた人々だ。

そういう能力は必ずしも生まれつきのものではない。身につけたいと思えば誰でも身につけられる。必要なのは意志と決意、それだけである。コミュニケーションの力が向上すれば、上司や同僚、顧客、もちろん家族や友人たちにも自分の考えをもっとじょうずに伝えることができる。

想像してみよう。もっと堂々と、もっと情熱的に話ができたらどんなにいいだろう。退屈な会議も活気あふれる有益な話し合いに変わるだろうし、部下や同僚をやる気にさせて、締め切りに間に合わせようとか、目標のさらに上をめざそうなんていう意欲をわかせることもできる。

一方、日々のコミュニケーションには、行き違いや誤解の生じる危険もいろいろひそんでいる。仲間内では容易に通じる言葉や用語のなかにも、会社や業界を一歩出れば、混乱を招くものがたくさんあるだろう。

また話をするときは、考えをきちんと整理して話すことが必要だ。何もかもいっぺんに話そうとしても聴き手はついていきてくれない。人間は秩序と明晰さを好むものだ。

職業人はすべて自分の考えを明瞭簡潔に、人が納得できるように表現できなければならない。いつでもどこでも、たとえ予期せぬ事態が生じたときでもそうできることが大切だ。そんなときにはとりわけ勇気と自信と、考えをすばやくまとめる能力と、筋の通った説得力のある話ができる技能が求められる。

コミュニケーションは一方通行ではなりたたない。メッセージをただ送ればいいというものではない。コミュニケーションは、こちらと向こうのあいだを情報が絶え間なく行き来する双方向のハイウェイでなければならない。メッセージの送り手は受け手からのフィードバックを探して受け取る必要がある。つまり話し手は自分が送り出したものが相手に理解され、受け入れられたかどうかをつねに確かめていなければならない。そのためには質問をしたり、観察できることを観察したりして、もし何か誤解があることがわかったら、それを正し、さらにその訂正が理解されたことを確認することだ。こちらの願いが滞りなく達成されるには、伝えたことが受け手にきちんと受け入れてもらえなければならない。

よいコミュニケーションのこうした基本に従えば、メッセージがずっと伝わりやすくなるだけでなく、仕事のミスも、締め切りに遅れることも減るだろう。部下はもっと能率よく、もっと楽しく働けるようになるし、管理職としての仕事もより順調に、より大きな満足感をもって果たせるはずである。

この本では「話すコミュニケーション」と「書くコミュニケーション」の両方を向上させる方法をいくつか学んでもらいたい。これは職場はもちろん人生のあらゆる場で、より大きな成功を手に入れるための重要なステップだ。

「話すコミュニケーション」のスキルは、日々の会話のしかたや人前でのスピーチ、あるいは職場や委員会でのプレゼンテーションのやり方などを通じて学ぶ。人の話が十分理解できるように、じっくり聴く方法を身につけてほしい。ボディランゲージがあなたの言葉をどのように強めるか、弱めるか、相手のボディランゲージをどう解釈するかを知ることも必要だ。

「書くコミュニケーション」については、手紙や職場内のいろいろな通知や報告書、電子メールなどを明瞭簡潔で行き届いた、しかも読み手により強く訴えるものにする方法を学んでもらいたい。

本書を十分役立てるには、まず全体を読み通して、情報をやりとりするということについてひと通りのことを頭に入れ、それから各章を読み直して、その領域で達成したいことをめざしてガイドラインに従うことを始めてほしい。そうやってよりよいコミュニケーションへの第一歩を踏み出すこと、それこそが成功への大きな一歩であると信じている。

編者◆アーサー・ペル

第1章 考えをちゃんと伝えるのは難しいこと

ドン・Mはかんかんだった。「やり方は細かく言って聞かせたさ。彼だって、わかりましたと答えた。それなのにまるでわかってない。こんなんじゃ初めからやり直しだよ！」

これまでにあなたも何度こういう目に遭っただろう。部下にはやり方を細かく指示し、同僚にはコンセプトをていねいに解説し、顧客には詳しく手順を説明した。それではっきり理解させたつもりだったのに、相手はまるでわかっていなかった……。話がこちらの思いのとおりに伝わったかどうかを確認できさえすれば、こうした問題の多くは避けられるし、どれだけ時間の節約になるだろう。

指示は正しく伝わったか

ドンが部下に細かく指示を出し、その説明を終えたとき、彼はどうたずねただろう？　そう、そのとおり。「わかったかい？」とドンはたずねた。そして部下はどう答えたか？　それも正解。「はい、わかりました」と答えた。「わかった」という答えが返ってきたからといって、相手が本当に理解したかどうかはわからない。理解したと思っているだけかもしれない。もしも言われたことを、言った人の思いとは違ったふうに解釈していれば、実際には何もわかっていなかったことになる。

実際には話が半分しかわかっていなくても、全部わかったつもりになっていることもあるし、まったくわからなくても、上司に遠慮して、ついわかりましたと答えてしまい、あとから一人で辻褄を合わそうとすることもある。そんなときは往々にしてミスが起き、誤解が生じ、時間がむだになり、誰かがかんしゃくを起こし、結局、仕事は仕上がらない。

ならばコミュニケーションのじょうずな人は、どうやって考えを伝えているのだろう？　つぎは企業の部課長や工場の監督、セールスマネジャーらの管理職が、ある調査に寄せた回答のいくつかだ。

ニューヨーク市で旅行代理店の店長をしているベティ・Mは、部下に指示がわかったかどうかはたずねない。そのかわり、いまから何をするつもりかをたずねる。「彼らをテストするわけです。仕事を割り当てて、ひと通り説明したら、これから何をするつもりかをたずねます。私の思いと違う解釈をしていたら、そのとき訂正すればいい。だから問題は起きません。複雑な内容のときはいろいろな質問をします。『もし○○だったらどうするの？』とか『××の場合は？』とか……」

ベティの仕事の一つは航空券の予約、購入、発券に用いるコンピュータの操作をスタッフに教えることだ。「コンピュータを正しく操作できるかどうか確認したいときには、質問するほかに、いろいろな問題をどう処理するか私の前で実際にやってもらいます。実際に操作してもらえば、どこまでマスターしているか自分の目で確かめられますから」

指示は受け入れられたか

話が正しく理解されることはよいコミュニケーションの第一歩だが、同じくらい重要なことがもう一つある。話は理解されるだけでなく、相手に受け入れてもらわなければならない。この仕事は三時までに仕上げる必要があるとマネジャーが部下に告げれば、部下には確かにそう伝わるだろう。しかし部下が心のなかで「無理よ」と思っていたら、その仕事は三時までに仕上がるだろうか？　おそらく無理だ。仕事をする人間がその指示を妥当で達成可能と思わないかぎり、締め切りに間に合わせる努力は、まずされないと思っていい。

サウスカロライナ州ロックヒルで、ビルのメンテナンスサービス会社を経営するルイーズ・Rは、スタッフを決定に参加させることで、そんな状況に対処している。彼らは通常、チームで仕事をする。ルイーズはまずそのメンバーを呼び集め、仕事の内容と時間的な制約がある理由を告げる。そしてメンバーに、その仕事はいつなら仕上がるか、早く仕上げるにはどうしたらいいかをたずねる。彼らは往々にして経営者側で一方的に決めたようなものよりもすぐれた解決策を見つけだす。またときにはルイーズが、残業や応援の必要なことや自分の見積もりの甘かったことを理解することもある。それでもスタッフは彼女が自分たちの参加を歓迎し、話に耳を傾けてくれることを知っているので、そうとう条件の厳しいときでも協力を惜しまない。

話をするには準備が必要

人に話をするときは、相手がグループでも誰か一人でも、前もって何を話すか、どう話すかを考えておかなければならない。もちろん準備のいとまもなく、その場で考えながらしゃべらなければならないときもあるだろう。それでもたいていは話をすることが決まったときに、たとえ急な知らせのときでも、なにがしかの準備はできるものだ。

◆◆◆ 情報を集める

職場で人に話をするときには、自分の仕事のことや、専門領域のことや、会社が関係している問題のことなど自分がよく知っていることを話すことが多い。それでも事実をあらためて調べ直し、入手可能なあらゆる情報が手元にあることを確認し、どんな質問にも答えられる用意をしておく必要がある。

ときには不案内な何かについて報告を求められることもあるだろう。たとえば会社が新しいコンピュータソフトウェアを買いたがっていて、それについて調査せよと言われるかもしれない。そんなときは――

◈それについてできるだけ情報を集める。説明に必要な程度の一〇倍の知識がなければならない。

◈その買い物や、提案された対策などについてプラス面、マイナス面をまとめた資料をつくる。

◈報告する相手が上司など誰か一人であれ、管理職や専門家のグループであれ、どんな質問が出ても答えられるように準備しておく。

◆◆◆ 聴き手を知る

どれだけじょうずな話でも、聴き手に通じなければ何にもならない。すぐれたコミュニケーションの半分は、聴き手を理解することだといっていいだろう。聴き手にたやすく通じる言葉を選ぶことだ。相手が技術畑の人間なら、技術的な専門用語を使ってかまわない。しかし技術的なことがらを、そういう分野に不案内な聴衆に話すときは、専門用語を避けるべきだ。聴き手が言葉の意味を理解できなければ、話は伝わらない。

たとえばエンジニアのチャールズは、日ごろはほとんど他のエンジニアといっしょに仕事をしているので、専門用語を使うことが習慣化している。その彼が新しい工事の見積もりについて会社の財務部にプレゼンテーションをすることになった。話が伝わるかどうかは聴き手ではなく、チャールズの責任だ。専門的な内容をふつうの言葉で説明できるなら、そうしなければならないし、専門用語をどうしても使わなければならないなら、最初に使うときにその意味を十分説明し、重要な箇所ではもう一度念を押しておくくらいの気づかいは必要だ。

> むりやり説き伏せられても、その人の本当の考えは変わらない。
>
> デール・カーネギー

明瞭に話す

ぼそぼそ低い声でしゃべる人や、早口の人、逆にゆっくりすぎる人、地方のなまりが強い人などの話を誰でも聴いたことがあるだろう。しゃべり方が明瞭でないと、伝えたいことが思ったとおりに伝わらないかもしれない。しゃべり方を改善するのはそう難しいことではない。対策をいくつか第4章で述べる。

ボディランゲージ

私たちがふだん無意識にしているしぐさのなかには、相手に思いのほか強い印象を与えるものがある。社会言語学者の研究によると、じかに会話をしたときに言葉が伝えることは、伝わること全体の七パーセントにすぎない。三八パーセントは音声的な特徴、つまり声の高低や間の取り方や口調や語気などを通じて伝わり、なんと驚いたことに五五パーセントが、ボディランゲージと呼ばれる視覚的な信号を介して伝わっている。私たちがあまり気づいていないのは、このボディランゲージが人にどう受け取られているかということだ。

◆姿勢

姿勢がよいのは（悪いのも）遠くからでもわかり、見た人の感情的な頭脳に即座に登録される。身体全体のことなので、他の非言語的な信号よりずっと目立ち、強い印象を与えることになる。

調査によると姿勢のよい人は、だらしない姿勢の人より人望が高く、自信があり、野心もあり、社交的で、頭がいいように見える。姿勢を改善しようとすると、たぶん初めのうちは何だか不自然で、無理にそり返っているように感じられるだろう。背筋を伸ばし、胸を張り、下半身が安定した立ち方を心がけるといい。

◆微笑み

あらゆる表情のなかで、微笑みほど人を動かす力のあるものはないだろう。微笑みかけると、相手の気持ちが実際にやわらいで、こちらの考えを受け入れやすくなる。また微笑みかければ、相手はほぼまちがいなく微笑み返してくれるだろう。それはたんなる反射的な人まねではなく、こちらの微笑みによって温かい幸せな気持ちがふいにわきあがった結果なのだ。

偽りの微笑みは、笑わないのよりもっと悪い。口元の筋肉だけで温かい微笑みがつくれると思ってはいけない。信じられる笑顔は顔全体でできており、やりとりのなかで肯定的な思考を処理したときに自然に発生するものだ。

誰かに微笑みかけるときは、
その人を多少なりとも好きだということを暗に伝えている。
相手もそれを感じて、あなたをもっと好きになるだろう。
いつも微笑んでいるよう心がけよう。
それで損することはひとつもないのだから。

デール・カーネギー

アイコンタクト

人の目を見て話をすれば、正直さや自信や、相手に興味があるということが伝わる。目を合わせないのは、ふつうは隠しごとや敵意があるしるしとか、あるいは相手に脅えていたり、うんざりしているせいだと解釈される。

研究によれば、就職の志願者に面接試験をするときに、志願者の目を見て質問をすると、人柄のわかる正直な答えを引き出すことができる。また教室では、教師のアイコンタクトと生徒の理解率や記憶率が直接的に結びついている。ただし相手の目をじっと凝視するのはいけない。何となく顔全体を見るのがいい。

他人のボディランゲージを解釈する方法については第3章で述べたい。

メッセージを「テレビ化」する

私たちは五感のすべてを使って情報を受け取っている。臭いや味や、手触りからも思考や印象が生じている。しかし脳で処理されるデータのほとんどは耳と目から、音と画像として入ってくる。ここがこのテレビ時代になって昔と大きく変わった点だ。テレビは音声と映像を一体化した。だから「セサミストリート」を見て育ち、その日のニュースもテレビで見ている私たちは、目と耳から同時に情報を受け取るのが習慣になっている。この「同時放送」方式をコミュニケーションに取り入れると、話が格段に伝わりやすくなる。

◆百聞は一見に如かず

ジョーンは部下に保険請求の処理方法を教えるときに、手順を説明しながらフローチャート（流れ図）を描いていくと、ずっとわかりやすくなることを発見した。一つのステップを説明したら、その要点を四角形で囲み、つぎの四角形とのあいだに矢印を書き入れてステップからステップへの流れをしめす。

スティーヴもいろいろな苦い経験から、仕事のしかたは口で説明しただけでは十分でないことを身にしみて知っている。新入社員には、倉庫のなかのいろいろな場所へ実際に連れていって何をどうするかを説明しないかぎり、なかなか理解してもらえない。だがそのやり方はとても時間を食う。そこで彼は倉庫の模型をつくることを思いつき、それを使って説明するという方法で教育の簡略化を図っている。

企業の幹部役員には自分のオフィスにフリップチャート（めくれるように上端をとじた図解・解説用のカード）やホワイトボードなどを備え、口頭の説明の補いにしている人もいる。図やスケッチがあれば、話がいっぺんに通じることが多い。耳で聴いたことを画像で補うと、理解が早いだけでなく記憶が長く残るという効果もある。

シラキュース大学ジャーナリズム学部といえば、ジャーナリストの育成教育では国際的に定評のあるところだが、かつてそこで最も人気のあった教授の一人はマンガ家でもあった。彼は講義しながらマンガや風刺画を描いた。他の教授たちはそれを見て苦い顔をしたり嘲笑したりして、大学教授のやることではないとささやいた。あれは教えているんじゃなくて、ただ学生をおもしろがらせているだけだと。たしかに学生たちはおもしろがった。しかし同時に他の単調な講義から得るよりはるかに多くのものを吸収し、卒業後もずっと彼の教えを忘れなかった。

視覚資料（図表、写真、スライドなど）の効果的な使い方については第5章で述べたい。

聴き手にあなたが見たとおりに見せ、聞いたとおりに聞かせ、
感じたとおりに感じさせることをめざしなさい。
ここぞというところを具体的で色彩豊かな言葉で事細かに語る。
それがその出来事を、
いまそこで起きているかのように描き出してみせるいちばんの方法だ。

デール・カーネギー

◆◆◆電話で「絵」を描く

視覚が利用できない通信手段の一つが電話だが、それでも言葉で「絵」を描けば、相手に見てもらえる。つまり聴き手の頭に絵が浮かぶように話をすればいい。

会社を訪ねてくる人に道順をたずねられたら、たぶんこんなふうに答えるだろう。「ハイウェイ九五号線を二三番出口で降りるとマルベリーストリートに出ます。ランプを出て右折したら四つ目の信号が一七番街との交差点。その角を左折して一二ブロック走るとスミスロードに出ますから、そこを右折して五ブロック行ってください。スミスロード二三四五番地が私どもの会社です」

これでもわかる。だが言葉の絵を使って言ったらどうなるだろう？「ハイウェイ九五号線を二三番出口で降りると、そこがマルベリーストリートです。ランプを出たら右折して、四つ目の信

号まで来ると左にテキサコのガソリンスタンド、右にマクドナルドがあります。そこが一七番街との交差点ですから、左折して消防署のあるところまで行ってください。目の前の通りがスミスロードです。右折するとまもなく左側に黄色いレンガの建物が見えてきます。それが私どもの会社です。スミスロード二三四五番地です」

このほうがもっとわかりやすくはないだろうか？　訪問者は信号やブロックを数えなくてもいいし、通りの名前を探さなくてもいい。目印が見えてくるのをただ待てばいい。

未来予想図

腕利きのセールスパーソンも言葉の絵を使う。コンピュータを売っているオードリーは、お客さんになってくれそうなある管理職と職場の悩みについて話していたとき、その人がいちばん気に病んでいるのがオフィスの乱雑さだということを知った。「書類もファイルも散らかり放題。必要なものが見つかったためしがない。たぶんそこいらの紙の山のなかに埋もれているんだろうけどね」と、その人はぼやいた。

オードリーは自社製品の機能についてひと通り説明すると、こう続けた。「いまから半年後を想像してみましょう。さあ、ドアを開けてオフィスに入りますよ。どのデスクにも、どのイスにも書類の山なんか一つもありません。スタッフは全員自分のコンピュータに向かって仕事をしています。さて、あるファイルが必要になりました。コンピュータの前に座ってキーボードにファイル名を打ち込みましょう。ほらスクリーンにはたちまちお探しの情報が現われました。もう待つことも、いらいらすることもありません……」

オードリーがこう語るのを聴いていた管理職は、ほとんど想像力を必要とすることもなく、未来の光景をありありとまぶたの裏に浮かべた。そしてその製品を買う価値を即座に理解した。

何が明瞭なコミュニケーションを妨げるか

十分に準備して、よく説明したつもりでも、話が正確に受け取られていないことがある。コミュニケーションの障害となる何かがあったということだ。

コミュニケーションのそういうじゃま者は、たいてい物理的なものではなく、心理的なものだ。正確に発音し、周到に言葉を選んでも、どこからか雑音が発生する。それぞれの思い込みや、話すとき聴くときの態度や、感情的な「お荷物」が話のじゃまをする。

◆前提の誤り

ある問題の解決について、とてもいいアイディアがあるとしよう。それを話し合うときに、相手もこちらと同じだけその問題に知識があると決め込んでいると、その人が実際には知らないことを知っているという前提で議論を進めてしまうだろう。結果、相手に十分な情報を与えられなくなる。

◆態度

コミュニケーションのもう一つの障害は、話す側と聴く側の態度だ。上司が傲慢な、上から押し付けるような態度で指示を出せば、部下は怒りをおぼえ、その怒りがコミュニケーションのじゃまをする。話は聴き手に理解されるだけでなく、受け入れてもらわなければならない。怒っている人に受け入れてもらうのは難しい。

上司の態度にしょっちゅう腹を立てている従業員は、言われたことを聞いてさえいないかもしれない。すぐれたリーダーは部下に嫌味な物言いをしたり、かさにかかったような態度は決して取らないものだ。

◆先入観

私たちには他人の話を自分が予期したとおりに聴く傾向がある。聴いたことを、自分のもっている情報でゆがめてしまうこともあるし、新しい情報が予期したものと異なれば、まちがいとして捨ててしまうことさえある。つまり、私たちは人の話を聴いているのではなく、実際には自分の心が語りかけることを聴いているだけなのかもしれない。

これは何を意味するのか？　とらわれのない心で人の話を聴く訓練をする必要があるということだ。人から何か言われたら、その話をそのまま受け止め、自分の知っていることと違うからといって締め出したりせず、客観的にその新しい情報を評価するよう意識的な努力をしてほしい。

人と話をするときは相手の先入観にも注意しなければならない。いつもいっしょに仕事をしている仲間なら、その話題に彼らがどういう考えをもっているか見当がつくだろう。意見を述べるときは、彼らがすでに信じていることを考慮に入れる。相手の信念が私たちのそれと違うときは、まずそのハードルを乗り越える覚悟がいる。

◆偏見

話し手に対して偏見があると、話の受け取り方が違ってくる。好きな人や尊敬する人の話は誰でも身を入れて聴くし、その考えも喜んで受け入れるだろう。一方、嫌いな人の話は聴く気にさえならないことが多い。

人の心のなかでは、自分の感じ方だけが真実だ。事態に対する私たちの感じ方と相手のそれとが違うと、話はさっぱりかみ合わないということになる。

ある考えにのめり込んでいるときも、それと対立するような考えは受け付けなくなるものだ。キャロルはまさにそんな例だ。経理部長という立場から、彼女の頭はコスト削減に凝り固まっていて、費用が増えるというような話には、他にどんな利点があろうと耳を貸そうともしない。彼女にアイディアを売り込むには、たとえ当初に多少のコスト上昇はあっても、長期的に見れば必ず高いコストパフォーマンスにつながるということをまず十分に納得させる必要があるだろう。

自分の偏見には気づきにくいものだ。あなたがかつて下した決断について、なぜそんな判断をしたのかを分析してみるといい。その判断は、何らかの偏見に過度に影響されてはいなかっただろうか?

偏見を捨てるにはつぎのステップが役に立つ。

1◆偏見を自覚する。
2◆なぜそんな偏見をもったのかをつきとめる。
3◆それらの偏見に共通する特徴を見つける。
4◆偏見を知ったうえで、とらわれのない心を保つよう注意する。
5◆他人の考えを客観的に考慮する努力をする。
6◆たとえネガティブな経験をしても、偏見を復活させない。

おたがいの気分に注意する

よくないことの重なる日は誰にでもある。そんな日に、新しい思いつきがあるとかで、部下の一人がはりきってやってきた。さてあなたならどう反応するだろう?「勘弁してよ、こっちはもう手いっぱいで、それどころじゃないの!」。あなたの心は閉ざされ、たとえ差し向かいで聞いたとしても彼の話は耳に入らないだろう。

人と話をするときは、自分の気分を自覚していることが必要なだけでなく、相手の気持ちにも注意しなければならない。たとえば重要な企画がもち上がり、上司が二人の部下を呼んだとしよう。ジョーンはその仕事にやる気まんまんだが、ダンは浮かない顔だ。なぜか？ ダンはいまべつの企画に取り組んでいて、そっちに集中したいと思っている。だからその話が迷惑なのだ。新しい仕事を割り当てる上司を配慮がないと感じている。

風呂に飛び込む前には必ず温度を調べるようにする。二人から仕事の現状について少し話を聞けば、ダンがどれだけ拘束されているかがわかるだろう。新しい仕事を割り当てるなら、まずは彼の目下の仕事が重要なものだということを強調し、いい仕事ができるようになってくれてうれしいと伝えるといい。そのあとで、新しい仕事に彼を選んだのは、それがいまの仕事のじゃまにはならず、むしろ助けになるものだからだということを説明する。

伝達経路を短縮する

コミュニケーションの障害となる大きな要因の一つが、その経路だ。大きな組織では、情報がたいてい決まった経路で流されていく。その経路が長ければ長いほど情報にゆがみが生じやすい。それはパーティーなどでよく行なわれる「伝言ゲーム」のことを思えば明らかだ。一人が何かをとなりの人の耳にささやき、その人がまたとなりの人に同じことをささやき、そうやって部屋じゅうの人に同じ話が伝えられていくのだが、最初の人に戻ってきたときにはまったく違う話に変わっているだろう。

ちょうどそんなふうに、情報が口頭で受け渡されていくうちに徐々にゆがんでいって、初めに送り出されたものとはまったく異なるものが受け取られることは決してめずらしくない。

この問題を解消する方法の一つは書くことだ。文字によるコミュニケーションは、受け手によって多少解釈が異なるにしろ、明らかにゆがみにくい。しかし文書にすることにも欠点はある。書けないことや書くべきでないことも多いし、書くことは時間がかかる。急いで伝えたいことや、ちょっと耳に入れておきたいだけの情報には文書は向かない。

もっと効果的なのは経路を短縮することである。バイパスできるところはバイパスする。中継点が少ないほど情報のゆがみも少ない。経路を通す第一の理由は、その仕事に責任のある人たちに、あらゆることを漏れなく伝えたいからだ。それはもっともなことだが、行き過ぎのことも多い。方針決定や大事な項目が含まれるなら伝達経路は重要だ。しかし社内のコミュニケーションの大半は日常業務にかんすることだ。そういうものを経路で流していると、話がゆがむだけでなく仕事の能率も落ちることになる。

フィードバックを求める

人に与える印象を改善したいときにハードルになるのは、おそらく他人の目で自分を見るのが難しいということだ。研究によると、私たちはたぶん他人の目に映るよりも自分に対して批判的だ。その一方で、自分の直すべきふるまいに気づかないことも多い。

自分がどう見えるかを正確に知るには――

◆会議で発言しているところをビデオに撮る。
◆鏡の前でスピーチのリハーサルをする。
◆信頼できる同僚に正直に批評してもらう。
◆聴衆や聴き手の反応を注意深く観察する。

コミュニケーションにかんする問題を見つけて改善するのに「コーチ」につくのは得策だ。専門家が話し方を指導する教室が、たいていどこでもコミュニティセンターなどで開かれているし、デール・カーネギー・トレーニングのプレゼンテーション講座のような実践的なセミナーもある。

仕事の指示を出す

管理職や監督者にとりわけコミュニケーションスキルが必要になるのが、スタッフに仕事を割り当てるときだ。「うちの連中はどうして言ったとおりにやれないのかな。あんなに説明してやっているのに、まるでわかってくれないんだから……」。私たちもこれまでに何度こんな言葉を口にしただろう。また部下にきちんと仕事を仕上げる力がないといって他の管理職が嘆くのを何度耳にしただろう。その原因はたぶんスタッフの力不足ではない。仕事がちゃんと仕上がるように指示が出されていないからだ。

◆指示の準備をする

この章の冒頭でも述べたように、人に何かを伝えるときは、何をどう伝えるか前もってプランを立てなければならない。仕事を割り当てる準備に時間をかけない管理職があまりに多い。ああしなさい、こうしなさいと部下に命じてさえおけば、自分の思いどおりに仕上がってくるものと決め込んでいる。

プランを立てるには、まず何がなし遂げられるべきかを明確にすることだ。たとえ自分はその種の仕事を何度もやったことがあっても、あらためて考え直さなければならない。部下にはその仕事がどんなふうに見えるだろう？　そんな仕事を一度も経験したことがなかったら、何が知りたいだろう？　達成すべきこと、達成に必要な情報、資材、機器、応援を頼めるところ、その他その仕事をするのに必要なものをすべて書き出してリストをつくるといい。

プランづくりの重要部分は、その仕事を誰に割り当てるかを決めることだ。人選に際しては、その仕事の重要性を考える。それが失敗できない仕事で、急いで、またあまり指図も受けずにこなさなければならないときは、そのタイプの仕事に実績のある部下を選ぶほうがいいし、逆に指導する時間が何とかあるようなら、経験の浅いスタッフに割り当てて、訓練や成長の機会にするのが得策だろう。

◆◆◆指示を伝える

バーバラはがっかりした。キャロルには何をしてほしいか細かく説明し、彼女もわかりましたと答えた。それなのに一週間たって彼女が提出してきたものは、まるで見当違い。「こうしてほしいと言われたと思ったんです」というのが彼女の言い訳だ。

ノーマンは腹が立った。上司から言い渡された締め切りがまったく非現実的だったからだ。「あの人いったい何考えてるんだ？」とノーマンは思った。「これだけ分量のあることを、こんな短時間でできるわけがないじゃないか。できる分はやるけど、間に合わせようなんて気にはとてもなれないよ」

前にも述べたように、監督者は部下が指示を十分に理解し、また受け入れたということを確認しなければならない。

作業プランをつくらせる

いくらか時間のかかる仕事をスタッフに与えたときは、取りかかる前に作業プランをつくらせるといい。何をするか、いつするか、どんな支援が必要かが含まれたものにする。

リタに割り当てられた仕事は、全国からシカゴに参集してある会議に出席する二〇人の販売員のために出張の準備をすることだった。実際に仕事に取りかかる前に、彼女は作業計画書を書いた。販売員への通知、飛行機とホテルの予約、それに全員が早めに航空券を受け取れるように手配することなどその仕事のあらゆる面におよぶもので、それぞれの作業にいつ取りかかり、いつ完了するかのスケジュール表のほか、各作業にどんな応援が必要かも明記されていた。それを上司に提出すれば、彼女にもし何か誤解があってもすぐに解消できるし、予想される問題に前もって対処することもできる。

作業プランは文書で提出するところに意味がある。担当者と上司の両方がつねに作業の進みぐあいを把握でき、たとえ問題が起きても早いうちに手を打てる。

進行をチェックする

プランがどれだけ周到でも、監督者は作業が順調に進んでいるかどうかときどきチェックする義務がある。

アランはこのチェックをあまり頻繁に行なうと、部下が信頼されていないと感じるのではないかと考えている。「部下には本当の意味で協同体制の一員になってもらいたい。だからいったん彼らのプランに同意したら、そのとおりやってくれると信じていなくては。たびたびチェックなんかしたら、ふだん言ってることがウソになるからね」

たしかにアランの言うとおりだが、それでも彼は結局のところ職場と仕事を成功させることに責任があるし、もしも割り当てた仕事がうまく仕上がらなかったら、自分が評判を落とすことになる。仕事が首尾よくなし遂げられるように、追跡することは必要だ。それに、上司から信頼されていないと部下に感じさせずにそうすることもできる。

アランの管理方針のかなめは「協同体制」だ。ならば追跡やチェックもそのシステムのなかでやるべきだ。アランが部下の背中越しに仕事ぶりを監視したり、抜き打ちでチェックしてびっくりさせたりするのではなく、進行状況のチェックを初めから作業プランに組み込んでおけばいい。部下がプランを立ててきたら、全体をながめてチェックポイントをつくる。一つの段階を終えるたびに、できあがったものをアランに見せるようにする。そのとき彼らに意見を求めるようにする。おそらく新しい提案などがもち出され、プランに組み込まれることになるだろう。もちろんアランも批評したり提案したりすればいい。

こうすることでチェックや追跡が協同作業の一部になるだけでなく、スタッフにとってはよい刺激ともなって、仕事の難しさを何とかして乗り越え、期待される以上の成功をおさめようという意欲が高まる。

社交性と気配りを養う

人は話し方一つで好感をもたれることもあれば、反感を買うこともある。敬意のない無神経な話し方や、攻撃的な言い方をすれば、相手は怒りをおぼえ、防衛的になって聴く耳をもたなくなるかもしれない。一方、社交的で如才ない話し方をすれば、伝えたいことも気持ちもすんなりと伝わり、人の心をつかむ。そういう社交的なコミュニケーションのできる人は、話を気持ちよく聴いてもらえるように、相手に合わせた話し方をするものだ。

人にはそれぞれコミュニケーションのスタイルがある。研究によれば、私たちはたいていいつぎの四通りのどれかに当てはまる。

◆友好型

このタイプの人はくだけた愛想のいい話し方をし、人づき合いを大事にし、親切で温かい。議論を好まず、相手から好意的な反応を得ようとする。

◆分析型

このタイプの人は折り目正しくきちょうめんで、理路整然と話をする。データとディテールを重視する。証拠を入念にながめ、そのすべてを利用して答えを見つけ、議論されている問題を解決しようとする。

◆熱情型

感情をはっきり表わし、表情豊かに話す人々。話に力がこもるとジェスチャーがまじる。ものごとの細部より全体像に関心がある。最も関心があるのは、それが自分にとってどういう意味をもつかということだ。

◆実利型

このタイプは明確な目標をもち、目標達成を第一とする。たとえ自分にははっきりした意見や考えがあっても、他から選択肢を提示されれば考慮をいとわない。

社交的で気配りのあるコミュニケーションは、こんな話し方になるだろう。

◆相手のコミュニケーションスタイルをふまえてラポール（信頼関係）を築く。
◆相手が快適に感じる話題を選ぶ。
◆相手のコミュニケーションスタイルに応じて言葉づかいや話のテンポを調節する。
◆相手のコミュニケーションスタイルをふまえて時間に注意する。

信頼を得る

職場のコミュニケーションを良好にするには、ともに働く人々の信頼と敬意を得なければならない。そのためには――


1◆彼らの関心事を心にかける。質問をして、彼らを動かしているものを知り、学習と成長を支援する。

2◆偏見をもたず、判断もせず、耳と目と心でじっくりと話を聴く。

3◆意見の違いや偏りや多様性に価値を見出し、尊重する。

4◆彼らを決定に参加させ、新しい考えに対してとらわれのない柔軟な姿勢をしめす。

5◆交渉や歩み寄りに快く応じる。意見の異なる人々のあいだを進んで取りもつ。

6◆話をする前によく考える。言葉や行動を選ぶときは、聴き手や人間関係や環境などを考慮する。

7◆「私たちは」という言い方をし、社交的に如才なく、気配りをもって話をする。

8◆自信をもって堂々と、きっぱりと、信頼のおける話をする。意見を述べるときは証拠をしめす。

9◆自らの信念と、譲れない重要な価値観を守り抜く。

10◆謙虚な専門家になる。他人の専門知識を尊重する。

11◆頼りになる、信用できる人間になる。約束を守り、方針をつらぬく。

12◆感情的にならない。一貫性のある理性的な行動をとり、公正に、誠実に、倫理的にふるまう。

13◆すぐれた役割モデルになる。職業にふさわしい行動をとり、口にしたことは実行する。

14◆彼らへの信頼をしめし、自らの考えと気持ちを率直に、包み隠さず表わす。

15◆裏表のない人間でいる。言行一致を証明する。

16◆いざというときの頼みの綱になる。

17◆目標や結果を伝えるときは現実的になる。

18◆責任を引き受ける。まちがいや失敗や損害を率直に認める。

19◆当人と直接話をし、うわさ話にくわわらない。陰口は絶対に言わない。

20◆栄誉をわかちあい、彼らの功績をしかるべくたたえる。

まとめ

◈考えを説明するときには、相手が大勢でも一人でも、何をどう話すか前もって準備する。

◈人が理解しやすいように明瞭な話し方をする。聴き手が居眠りしないように気合いを入れて話をする。

◈ボディランゲージを自覚する。

◈コミュニケーションをゆがめる障害物に注意し、克服を心がける。

◈偏見を自覚し、自制する。

◈仕事を割り当てるときは、どう伝えるか計画を立て、明瞭に伝える。正しく受け取られたかどうかを確認し、確実に仕上がるように追跡する。

◈伝えたことが相手に理解されただけでなく、受諾されたことを確認する。

◈人と接するときは、つねに社交的に如才なくふるまう。

第2章 会話の達人になる

おもしろい会話ができることは、人として大きな財産だ。ビジネスや社会的成功の強い味方でもあるし、何よりいっしょにいて楽しいから、人に好かれる。

だいたい会話がうまいことほど私たちの印象をよくするものはないだろう。とくにあまり知らない者同士のときは効果抜群だ。だから会話の達人になることは、とても値打ちのある特技をもつことになる。話のおもしろさだけで他人を楽しませ、注目させ、知らないうちにとりこにしてしまうのだから。第一印象がいいだけではない。友達をつくり、長くつき合うにも会話がじょうずなことは大きな役割を果たすし、人の心を開かせたりなごませたりもする。どんな集まりでも私たちを人気者にし、出世の後押しをする。顧客、依頼人、患者を連れてくる。誰かを説得して考えを変えさせたいときや、商品を買わせたいときも頼もしい道具になる。

ものごとを魅力的に言い表わして人の興味を引ける人は、たとえもっと知識があっても、言いたいことをうまく言えない人よりどれだけ有利なことだろう。

> 人と世間との接触のしかたは四通りあり、その四通りしかない。それだけの接触で、人は評価され、分類される。それはその人間が何をするか、人からどう見えるか、何を言うか、それをどのように言うか、である。
>
> デール・カーネギー

何があなたを会話の達人にするか

会話は途方もない力を発揮する。しかしよく考えずに話したり、明瞭簡潔に言う努力がないと、かえってマイナスに働くだろう。ただの雑談やむだ話では人は感心しない。会話の威力はもっと深いところにひそんでいる。私たちの文化や教養の深さ、しつけや教育のあるなしを、会話ほど瞬時にしめすものは他にないだろう。その人の人生のすべてを語るといってもいい。何を語るか、どのように語るかで、私たちの秘密のすべてが暴かれ、身の丈が世間にさらされるのだ。

知性や頭のよさや専門知識はたしかに会話をおもしろくする。だが話し上手が人を引きつけて離さない大きな理由は、そういうものではない。

人の心をつかむには、気持ちが伝わらなければならない。誠実な人間に出会ったと感じてもらわなければならない。「はじめまして」や「お会いできてうれしいです」といった挨拶を機械的にしてはいけない。精いっぱい気持ちを込めて挨拶することだ。社交家になり、いろんな気性の相手にうまく合わせることも必要だ。その人と真正面から向き合って、私たちの人柄を感じてもらうのだ。笑顔と温かい言葉をおくり、また会いたいと思ってもらうのだ。

真心で接する

歓迎される話し相手になるには、真心で人に接することだ。心のとびらを全開にする。たいていの人は少しすきまを開けておくだけだが、それではいけない。それでは出会った人にこう告げているようなものだ。「ちょっとのぞくだけならかまいませんが、入ってはこないでくださいね。あなたが望ましい知り合いかどうか、まだわからないので」。真心を出し惜しみしている人が多すぎる。まるで特別の日や特別の人のために取っておこうとでもいうかのようだ。とびきり貴重なものだから、みんなにばらまくわけにはいかないと。

心のガードを解くことを恐れてはいけない。とびらを開け放ち、あらゆる留保を取り払う。まちがいをしでかすのを恐れているかのような、まるで当たり障りのないことだけを言っておこうというかのような態度で人に接してはいけない。

温かい、うれしげな握手と真心のこもった挨拶は、出会う人とのあいだに好意というきずなを生むだろう。相手は心のなかでこう思う。「おやおや、この人はなかなかの人物だぞ。どんな人かもっと知りたいなあ。どうやら私をひとかどの者と認めてくれたようだもの。こんな人はあまりいない……」

人に真心で接し、温かい誠実な挨拶をおくる習慣をつけると奇跡が起きる。他人に対するガードの固さや冷淡さ、遠慮や臆病や無関心といったいまの私たちを大きく損なっているものが消えていく。相手に本当に興味がわき、その人のことをもっと知りたい、喜ばせたい、役に立ちたいと思う気持ちが伝わる。真心で人に接する習慣は、人づき合いの力に革命を起こすのだ。自分に備わるとは思ってもみなかった人を引きつける力が、私たちのなかに育っていく。

何を言うかだけでなく、どのように言うかも問題

私たちは口にした言葉だけでなく、口調や表情やジェスチャーや態度でも心のうちを表現しているということをつねに頭に置いてほしい。

チャールズ・W・エリオットがハーヴァード大学の学長だったときに、こう言っている。「紳士

淑女の教育に必要欠くべからざる唯一のものは、この知的技能の獲得だと思います。それは母国語を正しく、美しく使いこなせることです」

じょうずに会話する力ほど、友達をつくったり友情を維持したりするのにいつでも効果的に利用できる技能、特技は他にないだろう。人間の言語の才は明らかに、私たちの大半が発揮しているものよりも、はるかに素晴らしい技能になるはずのものなのだ。

会話のスキルをみがく

私たちのほとんどは会話がへただ。その訓練をしていないからだ。うまく話せるように苦心したり工夫したりしたことがない。読書もあまりしないし、十分考えることもない。考えてからしゃべったり、すらすらときれいに、よく伝わるように話す努力をするのはたいへんなので、ほとんどの人がてきとうに、行き当たりばったりにしゃべっている。

「話し上手は生まれつき。なろうと思ってなったわけじゃない」というのが努力をしない言い訳だ。だがそれは優秀な弁護士や、腕利きの医者やすぐれた商人が生まれつきで、なろうとしてなったわけじゃないと言うのと同じなのだ。努力なしでは誰も人に抜きん出ることはできない。価値ある技能は、そのすべてが努力の賜物なのだ。

会話上手なことが出世や成功に大いに役立ったという人はとても多い。やりとりしながら人を楽しませ、心をつかむ技術にはたいへんな力があるということだ。たとえ知識があっても、それをロジカルでおもしろい、印象的な話にできない人は、つねに不利な立場に立たされるだろう。

会話の技術をみがいた人の話はとても気持ちよく聴ける。明快な言葉がよどみなく流れ、一言ひとことが正確に、絶妙に選ばれている。洗練された言いまわしが聴き手をほれぼれさせる。

自分は貧しく、見込みのない人生だと思っている人がいるかもしれない。家族の面倒を見なければならないから大学に行けないとか、音楽や美術の勉強なんて望むべくもないという人もいるだろう。つらい境遇から抜け出せないという人も、挫折し絶望している人もいる。だがそんな事情はどれ一つとして、おもしろい話し手になるための妨げにはならない。なぜならば、私たちが口にするセンテンスの一つひとつが最良の練習台だからだ。読む本のすべて、話し上手な会話の相手のすべてが先生だからだ。

それなのに、どう話すかをよく考えてしゃべっている人はほとんどいない。ただ唇にのぼってくる言葉をそのまま使っている。簡潔で美しい、よく伝わるセンテンスをつくろうという意識がない。だからまとまりも秩序もない言葉がただずるずると流されるだけになる。

読書を十分にすることも、視野を広げ、新しい考えにふれられるだけでなく、ボキャブラリーや言いまわしを増やして会話の大きな助けになるだろう。すぐれた考えやいい思いつきがあっても、ボキャブラリーが貧弱なせいで表現できない人はとても多い。思考に着せて人前に出せるだけの衣装がないというわけだ。話が同じところをぐるぐる回るのも、言いたいことが正確に言える言葉が見つからないからだ。

教養のある洗練された人たちとつき合うことも大切だ。一人で部屋に閉じこもっていては、どんな大学を出ていようと、会話は決してじょうずにはならない。

気の毒なのは、見るからに気の弱そうな人が、何か言わなければならないのに頭が真っ白になって立ち往生しているときだ。大学や学校でも、何か言おうとあせればあせるほど一言も出なくなる学生をよく見かける。だが大演説家と呼ばれるような人たちでも、初めて人前に立ったときにはそれと似たような目に遭って、そのしくじりに深く誇りを傷つけられたという経験のあることが多い。すぐれた話し手になるには、どんな人でも、思うことをじょうずに言い表わす努力を積み重ねていくことが必要なのである。

だから頭が真っ白になっても、一言も言えずに立ち尽くすはめになっても、地道な努力を続けるならば、つぎのときにはきっともっとらくに話せるという確信をもっていい。じっさいそういう努力を続けると、人前に出てあがったり緊張したりする癖があまりに速やかに克服されることや、いつのまにか肩の力が抜けて、言葉が滑らかに流れるようになっているのに驚かされるだろう。

会話がじょうずになると必ず感じるのが、聴き手から、それまで感じたことがないようなパワーをもらえることである。それが刺激になって、さらなる努力への意欲がかき立てられることも多い。思考と思考の融合、心と心のふれ合いから新しいパワーが生まれるのだ。まるで二つの化学物質から新しい第三の物質が生まれるように。

人にこちらから関心をもてば、
向こうから関心をもってもらおうとしているときに
二年かかってできる友人よりも、
もっと多くの友人がほんの二カ月でできてしまう。

デール・カーネギー

人に心から興味をもつ

私たちの多くは会話がへただという以前に、人の話を聴くこと自体がすでにへただ。話を辛抱してじっくり聴いていられないのだ。耳を澄まして内容をしっかりくみ取るどころか、黙って聴くだけの敬意さえもてないことがある。そわそわとよそ見をしたり、イスやテーブルを指先でコツコツ叩いてみたり、そんな話はもううんざりだ、早く終わらせてほしいと言わんばかりにむやり言葉をさしはさんだり。まったく私たちは何をする時間もないくらいせっかちなようだ。人を押しのけて地位やお金を手に入れようとすることを除いては。

すぐにいらいらして、じっとしていられなくなるのは私たちの多くが抱える大きな欠点といっていい。仕事やお金につながらないもの、ほしい地位を手に入れる助けにならないものにはすぐに飽きてしまうらしい。友達でさえ、ともに楽しむ相手ではなく、まるで梯子の段々のように見ることがある。連れてくる患者や依頼人や顧客の数や、私たちの立場をよくする力があるかどうかで値踏みしたりする。

私たちに会話の力がない原因の一つが、他人に対するそういう共感の欠如である。私たちはあまりに自己中心的で、自分の幸福しか頭にない。自分の小さな世界に閉じこもり、私利を追うことばかりに熱心で、他人に関心をもつことができない。人の気持ちがわからない人間におもしろい会話ができないのは当然のことだろう。よい聴き手やおもしろい話し手になるには、相手の人生に入り込んで、その人とともに生きられることが必要なのだ。

好ましい話し相手になるには、相手の人生に入り込むことができなければならない。そして相手の関心事を通してその人とふれ合うことだ。何かにどれほど知識があっても、それが相手の興味を引かなかったら、努力の大半はむだになるだろう。

パーティーでもクラブの集まりでも、打ち解けた会話の輪に入っていけず、所在なげに立っているだけの人がときおりいるのは残念なことだ。それは彼らが自分にとらわれすぎているからだ。他人の人生にいさぎよく飛び込めない人、いい話し手になれるチャンスに身を任せることができない人たちだ。

彼らがよそよそしくて打ち解けないのは、気持ちが自分や自分のことだけに向いているからだ。彼らの関心事は二つしかない。自分のビジネスと自分の小さな世界だけ。だから彼らにそういう話をすれば、たちまち身を乗り出してくるだろう。しかしこちらのことには興味がない。私たちがどう暮らそうと、どんな野心があろうと、彼らにどう助けてもらえようと、そんなことはどうでもいいことなのだ。そんな自分本位で共感のない、せかせかした生き方をしているかぎり、会話は決してレベルの高いものにはならないだろう。

如才ない人になる

会話の名手と言われる人は、決まって愛想のいい如才ない人だ。人を楽しませ、嫌な思いをさせることが決してない。他人のいいところを引き出す独特な力がある人もいる。その逆のタイプは、相手の悪いところをかき立てる人で、私たちはそういう人に会うたびにいらいらさせられる。気配りの利く如才ない人は、いっしょにいるのが心地よく、他人の敏感な部分を決して刺激しない。身のまわりにつねに自然で温かいものを放射している。

リンカーンは人を楽しませる達人だった。座談とジョークでたちまち人々の気持ちをほぐし、彼の前では誰もが心底くつろいで、胸の内の宝物を惜しげもなくさらけ出した。彼の真心と人柄のおもしろさにふれると、初対面の人間でも必ず喜んで話をし、そして受け取れないほど多くを彼に与えた。

リンカーンがもっていたようなユーモアのセンスは、もちろん会話の力の大きな足しになる。しかし人を笑わせることは誰にでもできるわけではない。またユーモアのセンスがないのにむりして人を笑わせようとすれば、失笑を買うだけになるだろう。

とはいえ会話の達人は生真面目すぎたり、堅苦しい人ではない。細かいことを並べ立てて人を呆然とさせたりはしない。データや数字はわずらわしいことがあるので、実例やエピソードを交えてわかりやすく話すだろう。快活さは何より大事だ。元気のない声でぼそぼそとしゃべられては、人はうんざりする。かといってあまりに軽々しいしゃべり方では、たとえ聞くのは楽しくても、目的が達成されないことがある。

すなわち会話上手になるには、自然体で明るく温かい心をもち、相手を思いやり、好意をしめすことだ。人の役に立ちたいと思い、相手が興味をもっていることに心とたましいで飛び込んでいかなければならない。人の注意を引き、おもしろがらせることで気持ちをつなぎ止めておかなければならない。また人をおもしろがらせることができるのは、温かい思いやりや、心から人を思う気持ちがあってこそである。距離や隔てがあったり、冷めていたりすれば、人の気持ちをつなぎ止めておくことはできない。

とらわれのない寛容な心をもつ。他人の価値観や正義感、公正感を侵害するような人間は、決して興味をもってもらえない。そういう人間にかぎって自分の心はかたく閉ざし、機械的でおざなりな、気持ちのこもらないやりとりをするものだ。

たとえどこであれ成功するためには、印象的でよく伝わって、おもしろい言葉で自分を表現する力をもつことである。それさえあれば初対面の人にさえ、自分の持ち物を棚卸しして、なにがしかの者であることを証明する必要はまったくないだろう。

態度も人柄も、身から放射するものも、みな会話のうまさと一体になって私たちの印象をつくっている。人に与える印象は、成功への途方もなく大きな要因だ。だから自信があって楽しくて、ふところの深い大きい人間だという印象を与える。それだけでもう勝ったも同然だ。

名前をおぼえる

名前はその人にとって、他の何よりも心地よく大切な言葉に聞こえることをおぼえておこう。

デール・カーネギー

誰かに初めて会ったら、その人の名前を何としてでもおぼえてほしい。人を紹介されたときに、とくに何人かをいっぺんに紹介されたときなどは、名前がよく聞き取れないことがある。はっきり聞き取れなかったら、もう一度聞かせてくださいと頼めばいい。決して失礼にはあたらない。

また聞いた名前をその場の会話のなかで口にすれば、記憶にしっかり焼きつけられる。名前のおぼえ方について、いくつか助言しておく。

◆まず名前のどの部分で呼ぶかを決める。アメリカ人はファーストネーム（個人名）で呼ぶのがふつうだが、ずっと年長の相手や身分の高い人に対しては、「ファーストネームで呼んでください」と言われるまでは、ミズやミスターをつけてファミリーネーム（姓）で呼ぶ。他の文化では、くだけた呼び方がとくに求められないかぎり、ミスター、ミズ、ミセスに当たる敬称や「博士」「教授」などの称号をつけて必ず姓で呼ぶ。

◆名前から画像を連想する。言葉ではなく、必ず画像を思い浮かべる。たとえばジュリーという人に会ったら、その人がジュエリー（宝石）で身を飾り立ててキラキラしているところを頭に浮かべる。サンディだったら砂浜を、というように。

◆その場の会話のなかで、何度か名前を呼ぶ。もちろん呼びすぎや、わざとらしいのはいけない。三、四分に一度ぐらいと、別れるときにもう一度ぐらいが限度だろう。

◆親戚や友人、知人の誰かと同じ名前のときは、二人の顔をひと組にして頭に浮かべる。

◆最も大事なのは、くり返し呼ぶことだ。頭にしっかり刻み込まれるまで、心のなかで何度でも呼ぶといい。

相手を知る

人に初めて会ったときは、その人についてできるだけ情報を得ることが大切だ。一つの方法は質問をすることだ。ただし詮索がましくなってはいけない。よく選んだ質問をほんの二つか三つすれば、ボールは転がりはじめ、会話が流れだすだろう。

詮索がましく思われたくなければ、これは注意のいる仕事だ。質問はその場の状況にふさわしいものにかぎられる。仕事の話をする相手に適切なものも、社交の場にふさわしいものもある。社交の場なら、住まいの場所や趣味、興味のあること、家族、あるいは共通の知人などについてたずねればいい。出身校のことでもいいし、話題になっている最近の出来事や、相手が口にしたことを取り上げて何か質問してもいい。

仕事で会った人なら、その人の会社や業界のこと、その業界に関係のある新しい出来事、その人の仕事の性質などについての質問が会話のいい糸口になるだろう。

質問をいくつも用意しておく必要はない。会話はいったん端緒がつけば、あとは容易にふくらんでいくものだ。

自信に満ちた、しっかりした話し方をする

一対一の会話でも大勢の前で話すときでも、私たちの話す態度が相手の受け取り方に影響する。私たちは相手にどんな印象を与えるだろう？　消極的？　攻撃的？　自信の感じられる堂々とした話し方ができるだろうか？

消極的な人にはこんな傾向がある。

◆他人に気をつかい、自分が損をしても他人を優先することがある。
◆はた目にはわからなくても、精神的ストレスがあることが多い。
◆自己評価が低いことが多い。
◆尊敬されたいというより嫌われたくないという気持ちが強い。
◆自分を犠牲にしても他人を立てる。
◆他人を責めるぐらいなら自分が責めを負おうとする。
◆対立を避ける。
◆人に行動を求めるときは、提案や希望というかたちで間接的に求める。

消極的な態度の逆が攻撃的な態度だ。攻撃的な人にはこんな傾向がある。

◆過度に自己中心的。
◆精神的ストレスがあることが多い。
◆自己評価が低いが、自分ではそれを認めようとしない。
◆人に好かれることや尊敬されることがあまりない。
◆皮肉や軽蔑的な言葉で人をいやしめる。
◆あらゆる人、あらゆるものを支配しようとする。
◆ミスや失敗が起きたときは他人に責任を負わせ、自分に責任があるとは決して考えない。
◆意見の違う人とは、何かと対立したがる。
◆権力ある立場にあるときは、人を力ずくで従わせる。
◆敵対する者を口汚くののしることがある。
◆人に行動を求めるときは、要求や命令というかたちでしめす。

効果的なコミュニケーションができる人は、このどちらでもない。彼らは自信に満ちた積極的な、きっぱりした話し方をする。

◆自分の権利も護るが、相手のそれにも気を配る。
◆ストレスがあれば対処して立ち直る。
◆堅固で肯定的な自己イメージがある。
◆率直で正直。
◆人に尊敬される。
◆人に感謝を表わす。
◆自分のミスや失敗を直ちに認め、他人にもそうすることを期待する。
◆対立を求めない。意見が異なるときは、威嚇的でない客観的な話し合いで同意を得ることにつとめる。
◆つねに喜んで他人の話に耳を傾ける。
◆人に行動を求めるときは、達成すべきことを明確に述べ、協力して取り組む。

性格を変えるのはたやすくない。だがよりよいコミュニケーションを求めるなら、また自分の態度が消極的だったり攻撃的だったりするのがわかったら、自信に満ちた積極的な態度で人に接することができるよう努力するべきだ。

電話上手になる

私たちは電話機を取り上げるたびに、かけるときでも受けるときでも、電話線の向こうにいる人に何らかの印象を残している。私たち自身や会社のイメージが、電話のやりとりだけで決まってしまうこともとても多い。

相手とじかに話をするときは、印象をよくしたり悪くしたりする要素がたくさんある。顔の表情やジェスチャーや、ちょっとした小道具によっても印象は変わる。しかし電話の場合は声しかない。ほとんどの人は自分がしゃべっている声が相手にどう聞こえているのか知らないだろう。自分の声を人に聞こえるとおりに聞くのに最もよいのは、電話のやりとりを録音することだ。いくつか再生すれば、人にどんな印象を与えているかがわかる。録音を聴き、直すべきところを直して、電話上手になってほしい。

◆◆◆気分を切りかえる

人づき合いで最も大事なことの一つは、愛想よく接することだ。さて電話の録音は愛想よく聞こえただろうか？　それとも不愉快そうだった？　もしかしたらその電話は間の悪いときにかかってきたものかもしれない。厳しい上司にうんざりしていたり、締め切りに間に合わせようときりきり舞いしていたり。だが電話の相手にそんなことはわからないし、関係がない。電話を取るときはその電話以外の一切のことを頭から追い払えるように自分を訓練するべきだ。

何らかの事情で心が穏やかでなかったら、電話機を取り上げる前に深呼吸を一つして身体をらくにする。そしてすべてを忘れる。ゆったりした気分で話に集中することだ。そうやって、身を入れてしっかり聴いているという望ましい印象を伝えてほしい。

◆◆◆電話を受ける

電話が鳴ったら直ちに出る。職場なら三回鳴る前に取るべきだ。他の電話に出ているときにかかってきたら、話している電話のほうを「保留」にして新しい電話を取り、二、三分待つように頼むか、折り返しかけ直しますと伝えて番号を控えておく。五分以上自席を離れるときは、誰かに電話番を頼んでいくか、三回鳴ったら応答するように留守電をセットする。

受話器を取ったら直ちに名乗る。「はい」や「もしもし」ではなく「技術部のサム・ジョンソンです」と名前を告げる。こちらが誰か、向こうがわかっていると決め込んではいけない。知らない人からかかってきたら、名前をたずね、めずらしい名前なら、つづりもたずねて書きとめる。そのやりとりのなかで相手の名前を呼ぶといい。そうすれば、こちらがその人とその人の問題に真剣に関心をもっていることが伝わる。質問されたことにすぐ答えられないときは、長く待たせるよりも、こちらからかけ直すと伝えるほうがいい。相手が待つことを望んだときでも、返答に予想したより時間がかかったら、何度か電話口に戻り、決して忘れているわけではないことを伝える。

会社に電話したときにいちばん腹が立つのは、その電話を担当者や他の誰かに回すと言われたまま、電話が切れてしまうことだ。電話を回す必要があるときは、誰に回すかを必ず相手に告げ、念のためにそこの内線や電話番号も告げておく。かけてきた人の電話番号も聞いておいたほうがいい。万一その電話が切れてしまっても、こちらからかけ直せる。

聞かれたことにただ答えるだけでは十分でないことも多い。もう一つ先の疑問にも答えてほしい。たとえば注文した商品が壊れて届き、通信販売の会社へ苦情の電話をかけたマーサは、その商品を宅配便で送り返すように言われてとまどった。そのとき彼女の心配事を察した顧客サービス係がすばやくこう言いそえた。「お荷物はご自宅まで取りにうかがうように私どもで手配いたします。集荷センターまでお持ちいただく必要はありません」

顧客サービス係はマーサの心配を先取りして安心させただけでなく、これからよいお得意さんになってくれる人も確保したというわけだ。

◆◆◆電話をかける

電話ではとくに出だしと締めくくりが肝心だ。「あなたと話ができてうれしい」という気持ちが伝わるように、またそれが相手にとって大事な電話だという認識をもって話を始める。相手がこちらのことを知らないときは、自分が何者か、なぜその電話をかけたかを告げる。

「おはようございます、サミュエルズさん。私はブランシュ・Hと申しまして、このたび教育委員会の会長選挙に立候補しましたダイアン・マクグラスの選挙対策委員長をしています。お子さんを学校に通わせていらっしゃるお母様として、地域の教育には関心がおありですね……」

用件を話し終えたら、意見を聴いたり質問に答えたりし、明るい口調と前向きな言葉で締めくくる。「話を聴いてくださって、ありがとうございます。では火曜日の集会でお会いできるのを楽しみにしています！」

何を話すか、どう話すかは電話機を取り上げる前にすべて計画しておかなければならない。用件がいくつもあるときはリストをつくり、それぞれについて言い忘れてはいけないことをメモしておく。そうやってプランにそって話をすれば、電話の効果はより大きくなり、時間もかからない。

話をしっかり聴く。相手の反応によっては初めのプランが変わるかもしれない。質問をして、返事に耳を澄ます。それはどんな会話でも同じだが、電話ではじかに話すときのような非言語的な信号を観察できないので、とりわけ重要になる。声や口調の微妙な変化を読み取ってほしい。言おうと思っていたことを相手の立場で考え直してみるといい。

雑談を大事にする

雑談は決して雑にあつかってはいけない。仕事を離れた何でもない世間話にこそ、おたがいの気持ちを通わせ、人間関係の土台をつくる力がひめられている。

世間話がじょうずになりたいからといって世間の出来事を何でもかんでも知っている必要はまったくない。相手をその人の好きな話題に集中させられればいいだけのことだ。質問をして、こちらも興味があることをしめす。たとえ天気の話でも、それが糸口になって話がはずむことがある。こまめな雑談は、気心の知れた間柄になる確実な方法だ。

すぐれた聴き手になる

よい情報を引き出せるような質問をするというのは、他人のことを知る第一歩だ。だが質問をどれだけうまく選んでも、その答えを注意深く聴かなかったら、断片的な情報しか得られないだろう。聴き取りのスキルをみがくことは、どんな会話にも重要だ。

すぐれた聴き手になるためのテクニックは、つぎの章で述べる。

会話の手並みをチェックする

誰かと最近交わした会話を思い出してほしい。じかに交わした会話でも電話でもいい。そのときあなたは――

◆笑顔で話しましたか？（電話でも笑顔かどうかは声でわかる）
◆必要に応じ、世間話をして話の糸口にしましたか？
◆相手の名前をおぼえて、会話のなかで呼びましたか？
◆相手の人柄、価値観、仕事ぶりなどを観察することによって、気持ちの通う話ができましたか？
◆共通の見方ができましたか？
◆相手の時間を尊重しましたか？
◆意見の相違に注意し、論争を呼びそうな話題を避けられましたか？
◆よく考えた質問をすることによって、相手のことを知りたいという真剣な気持ちをしめせましたか？
◆集中してじっくり話を聴けましたか？

◆何か役に立てることはないかたずねましたか?
◆相手が興味をもっていることについて話しましたか?
◆相手がまだ知らないような興味深い話ができましたか?
◆証拠をあげて、相手を正直に、心からほめることができましたか?

まとめ

よい会話のために、してほしいことは――

◆日ごろから会話に備える。会話がじょうずな人は聴き手をおもしろがらせ、話をはずませる。世間の事情に通じることも会話のスキルをみがくことにつながる。
◆相手の名前をおぼえ、会話のなかで口にする。
◆目を合わせて話す。目を見て話を聴けば、真剣に聴いていることが伝わる。ただし凝視しないように。少し視線を外して顔全体を見るようにする。
◆明瞭な、聴き取りやすいしゃべり方をする。たびたび聞き返されるようなら、おそらく明瞭に話せていない。会話を録音して聴いてみるといい。

◆話し方の深刻な欠点や悪い癖を直したいときは、発声法のコーチにつくなど専門家の助けを求める。

◆聴き手がよく知っている言葉や表現を使う。人はボキャブラリーの異なる相手より、同じようなことを話し、考える人々との会話から多くを吸収する。

◆相手に見合った言葉づかいをする。仕事仲間と話すときと、街角で一〇代の若者と話すときでは言葉や口調が異なるのがふつうだ。

◆その場の話題についていく。他人の話に口をはさんで自分が主役になろうとしたり、自分がよく知っている話題に変えたりする人を会話泥棒という。

◆話す側、聴く側に回るタイミングに注意する。会話は「やりとり」でなければならない。その場の誰もが話し、誰もが聴かなければならない。参加するべきで、独占してはいけない。

◆興味をもって聴いていることが伝わるようにする。うなずきながら聴き、適切に質問したり意見を述べたりする。

◆答えがいろいろあるような質問（たんなるイエスやノーでは答えられない質問）をして、会話をはずませる。

よい会話のために、してはいけないことは——

◆しゃべり方は速すぎても、ゆっくりすぎてもいけない。速すぎるとついていけず、ゆっくりすぎると、しゃべり終えるまでに聴き手が何の話だったか忘れてしまう。

◆ぼそぼそした聴き取りにくいしゃべり方をしない。

◆声は大きすぎても小さすぎてもいけない。聴き手との距離を考えて声の大きさを調節する。

◆会話を独り占めしない。相手も話せるように気を配る。

◆自慢話をしない。会話とは考えや気持ちのやりとりであって、自分をひけらかすことではない。

◆質問を尋問にしない。何かたずねるときは好意的な、攻撃的でないたずね方をする。答えがいろいろある質問をして、相手が自由に考えを述べられるようにする。

◆話の腰を折らない。相手の話がすんでから、こちらの話をもち出す。

◆人が話しているあいだにしゃべらない。話が終わらないうちに他の人がしゃべるのは失礼なだけでなく、大事なことを聴きもらすかもしれない。

◆人の話に心を閉ざさない。人の考えを理解したければ、とらわれのない寛大な心で聴くことがまず必要だ。

第3章 聴く技術

あなたは人の話を本当に聴いているだろうか？　同僚の一人が助けてほしいと言って問題をもち込んできたとしよう。初めのうちは熱心にその話を聴いているかもしれない。だが、知らないあいだに上の空、あなたの心はどこかべつのところをさまよっているだろう。ちゃんと聴いていたはずなのに、いま頭に浮かんでいるのはデスクの上の書類の山のことや、さっきその同僚が部屋へ入ってきたときにかけようとしていた電話のことや、今朝がた娘を学校へ送っていったときに彼女としてしまった口げんかのことやらだ。同僚の話を「聞いて」はいたが、本当に「聴いて」はいなかったのだ。

これは誰にでも起きることだ。なぜか？　人の頭脳はしゃべる速さよりもそうとう速く思考を処理できる。だから相手が話しているあいだに、あなたの頭はどんどん先へ行って、その話を勝手に完結させてしまう。ときには正しく、ときには実際の話とは違ったふうに。あなたが聴いたのは、あなたの心が語ったことで、実際に語られたことではない。

これは人間の特性だ。しかし、だからといって、うまく話を聴けないことの言い訳にはならない。あなたがどれだけ優秀な聴き手か、つぎのテストで判断してほしい。

聴く力をテストする

つぎの質問に「はい」か「いいえ」で答える。

1◆人の話を聴いているときに、その話をさえぎることがよくありますか？
2◆話し合いの最中に、書類などをながめていることがありますか？
3◆話を終わりまで聴かないうちに結論が出ていることがありますか？
4◆相手の話に興味がないことをボディランゲージで表わしていることがありますか？
5◆自分の聴きたいことだけ聴いて、ほかのことは聴いていないことがありますか？
6◆聴いているのが耐えがたいという気持ちを態度に表わすことがありますか？
7◆聴いている時間よりしゃべっている時間のほうが長いですか？
8◆話し合いの最中に、ぼんやりほかのことを考えていることがありますか？

9◆相手が話しているあいだに、どう答えようか、どう反論しようか考えていることがありますか？

10◆話し手があなたに反応してほしいという非言語的サインを出しているときに、それを無視することがありますか？

「はい」という答えが一つでもあったら、聴くスキルの向上に真剣に取り組む必要がある。

熱心な聴き手になる

熱心な聴き手は、相手の話に注意深く耳を傾けるだけではない。聴いたことについて質問し、意見を述べ、言葉でも非言語的にも反応する。

聴く力をつける一つの方法は、あたかもそういう聴き手のようにふるまうことだ。ただ耳の穴を開いて立ったり座ったりしているだけではいけない。つぎのガイドラインに従ってほしい。

◆目を見て聴く。目を合わせるのは相手の話に関心があることを表わす一つの方法だ。ただし度を越えてはいけない。目だけを凝視せず、その人全体を見るようにする。

◆顔の表情で相手の話に興味があることを表わす。適宜に微笑んだり、心配そうにしたりする。
◆うなずくなどのジェスチャーで会話についていっていることを表わす。
◆言われたことについて質問をする。「つまりこういうことですね……」と自分の言葉で言いかえてもいいし、具体的な質問をしてもいい。それによって、あいまいだったかもしれない点が明確になるだけでなく、ぼんやり聴くのを防ぐことができ、集中力を維持できる。
◆人の話をさえぎらない。相手がちょっと口をつぐんだからといって、あなたが話してもいいとはかぎらない。ときを待つ。
◆話し手に共感する。頭だけでなく心で聴く。話している人の気持ちをわが身に感じてみる。言いかえるなら、相手の立場になってみる。

よりよい聴き手になる六つの簡単な対策

私たちはもっといい聴き手になれる。話がうまく聴けなくなる大きな原因のいくつかは、前もって取り除けるものだ。話を聴く環境と、聴く態度を少し変えるだけでいい。

1◆電話を閉め出す

人の話を集中して聴きたいときに、気が散る大きな原因の一つは電話。電話に出ると、話が中断されるだけでなく思考の流れも中断され、電話を切ってからでもその電話のことがなかなか頭から離れない。電話を閉め出すことが難しいなら、電話から逃げる。空いている会議室へ行く。たとえそこに電話があっても、まずかかってこない。あなたがそこにいるなんて誰も知らないのだから。

2◆余計なものが目に入らないようにする

デスクが書類だらけだと、ついそっちに目が行き、知らないうちに手紙やメモを読んでいて、話が上の空になっている。会議室へ行くなら、話し合いに必要な書類だけをもっていく。デスクを離れられないなら、書類は引き出しにしまい、目に入らないようにする。

3◆らくすぎる姿勢をとらない

ロバート・Lは以前にとてもバツの悪い思いをした。「何年か前、他の管理職と何か話し合っていたときだ。私はいつもの癖で、快適な重役イスの背にもたれ、両手を頭のうしろで組んで聴いていた。たぶんイスを軽く揺らしながらね。危なかったよ、もう少しで居眠りするところだった。すんでのところで気がついたのは幸いだったが、それ以来、そういうらくな姿勢で話をするのはやめている。浅く腰掛けて、背もたれにはもたれずに、逆に身を乗り出して前傾姿勢をとる。その姿勢のほうが相手との距離がちぢまって話に集中しやすいし、自然に目も合う。それに何よりその格好は、話にとても興味をもって、まさに身を乗り出して聴いているように見えるじゃないか。じっさい眠くなることも少ない。あまりらくな姿勢じゃないからね」

4◆聴きながら返事や反論を考えない

相手の話に承服できない点が一つでもあると、それにどう反論するかつい考えてしまうものだ。そうなると話のそうとう多くを、ときにはいちばん大事なところを聴き逃してしまう。相手が話し終えるまで、ただ聴くことだけに集中する。

5◆話し手に共感する

共感と同情をまちがえないように。同情とは相手の身の上を気の毒に思うことだが、共感とは相手の立場に立ってみて、その人の気持ちになることだ。気持ちがわかる聴き手は、話し手が本当に伝えたいことが理解できる。

6◆メモを取る

長い話を全部おぼえているのは不可能だ。たとえ速記ができても、逐一書いていたらじっくり聴いていられない。書きとめるのはキーワードや要点だけでいい。大事な事実や数字をちょっとメモしておくだけでも、思い出す手がかりには十分だろう。そして話し合いが終わったら、なるべく早く、記憶が新鮮なうちに詳しい記録をつくる。録音、パソコン、ノート、その他何でも都合のいい方法でいい。

人をあつかうときは、
相手が論理の生き物ではなく感情の生き物であることを忘れてはいけない。
デール・カーネギー

聴き手の七つのタイプ

あなたも、あなたの話を聴いている人も、たいていつぎの七つのタイプのどれかに当てはまるだろう。

1◆頭もいっぱい手もいっぱいの人

いつもせかせかして、聴きながらしょっちゅうよそ見をしたり、何かほかのことをやっていたりする人。マルチ人間とか呼ばれて、いくつもの仕事を同時にこなしている器用な人たちかもしれないが、じっと座ってじっくり聴いているのは苦手だ。

もしあなたがそのタイプなら、話を聴くときだけは他の仕事をおあずけにして、話に集中することを肝に銘じてほしい。

相手がこのタイプなら、「いまお話ししてもいいですか?」とたずねるか、じっくり聴いてもらいたい話があるので、少し時間を割いてもらえないかと頼むことだ。初めに何かその人の注意を引くことを言い、手短に話して、要点がすぐ伝わるようにする。集中してもらえる時間はそう長くない。

2◆心が「お留守」の人

身体はあっても心はここにない人たちだ。ぼおっとした顔つきからも想像がつくだろう。空想にふけっているのかもしれないし、いろいろ考えているのかもしれないが、少なくとも聞かされている話とはべつのことだ。

あなた自身がこのタイプなら、あたかもすぐれた聴き手であるかのようにふるまうといい。気を引きしめて、前傾姿勢をとり、目と目を合わせ、ときどき質問をして話に興味のあることをしめす。

相手がこのタイプのときは、ときどき様子をうかがって、それまでに話したことを理解しているかどうかたずねる。「頭がいっぱいの人」と同様、初めに何かその人の注意を引くことを言い、手短に要点を伝える。長くは集中してもらえないことも同様だ。

3◆人の話に割って入る人

人の話に割って入り、口をはさみたがる人がいる。人にみなまで言わすものかといつもすきを狙っているかのようだ。彼らが人の話を聴いていないのは明らかだ。自分の言いたいことしか考えていない。

あなたがこのタイプなら、人の話に割って入るたびに、そのことを謝りなさい。そうやってその癖をもっと自覚することだ。

相手がこのタイプなら、口をはさまれた時点でこちらの話を中断し、彼らにしゃべらせる。さもないと彼らは決して人の話を聴かない。しゃべりたいだけしゃべらせてから、「では話は戻りますが……」とか言って、あなたの話を再開すればいい。

4◆「どうでもいいよ、そんなことは」の人

彼らは超然として、話を聴いているときもほとんど感情を表わさず、心の中でそんな話は自分にはまったく関係ないと思っていることがはっきり見て取れる。

あなたがこのタイプなら、言葉で言われたことだけでなく、相手の発するメッセージのすべてに注目してほしい。耳でも目でも心でも聴くよう努力する。

相手がこのタイプなら、話がドラマティックに聞こえるように、あるいはアイディアが引き立つように話し方を工夫し、質問して話に巻き込むことだ。

5◆けんか腰の人

彼らは何かにつけ人に食ってかかろうとする。口論したり人を責めたりするのが楽しい人たちだ。

あなたがこのタイプなら、相手の立場に立ってみる。つまり話す人の身になって、そ

の人の考え方を理解し、受け入れ、長所を見出す努力をしてほしい。

このタイプの人から反論されたり非難されたりしたときは、その非難が当たっているなら、もちろんお礼を言って適切な措置を取る。たとえ不当な非難でも、言い返すのは避け、忠告に感謝するとだけ言って、残りの話をすればいい。

6◆精神分析家

つねにカウンセラーとかセラピストの役目を引き受けたがり、求められずとも答えを提供しようとする人々もいる。自分たちはきわめて優秀な聴き手だと思い、人を助けたくてしかたがない。いつでも「あなたのお話を分析して治してあげますよ」という顔で待ち構えている。

あなたがそういう分析家なら、もっと気をらくにもって、誰もが答えや解決やアドバイスを求めているわけではないことを理解してほしい。他人にボールをぶつけて反応を探り、自分で答えを出す参考にしたいだけの人もいる。

相手が分析家のときは、「この話は、べつにアドバイスがほしいわけじゃない」と初めにことわっておいてもいい。

7◆真剣に聴いてくれる人

自覚をもって聴く人たち。目でも耳でも心でも聴き、話し手の身になって聴こうとする。これが最もレベルの高い聴き方だ。そんなふうに聴いてもらえれば、存分に話ができ、自分で答えを見つけたりアイディアをふくらませたりするチャンスがもらえる。

人にこちらから関心をもてば、向こうから関心をもってもらおうとしているときに二年間かかってとりつける成約よりも、もっと多くの商談をほんの二カ月でまとめられる。

デール・カーネギー

ボディランゲージを読み取る

人は言葉にすることより、もっと多くの情報を発している。私たちが口で述べることは、そのときのちょっとした身体の動きや表情やジェスチャーで意味がいろいろに変化する。立ち居ふるまいのすべてが意味を伝えているといってもいい。だから、もしボディランゲージの辞書が買えて、いろんなしぐさや表情の意味を調べられたらどんなに都合がいいだろう。みんなが何を言っているのか、本当のことが読み取れる。

そういう辞書づくりはすでに試みられている。種々の「信号」が収集され、意味が割り出されている。たとえば、「あごをなでる」というしぐさは「とっくりと思案中」。たしかにその可能性は高いかもしれない。だがもしかしたら、その朝ヒゲをそってこなかったせいで、たまたまアゴがむずむずしただけかもしれない。

あなたの向かいの女性は腕組みをして座っている。「専門家」はこれを「自分を護るしぐさ」と解釈する。彼女はあなたを締め出し、拒絶しているのだと。本当にそうだろうか？　たとえば教室や劇場で、講義や芝居が始まるのを待っている大勢の人たちを見てみるといい。そうとうな数の人たちが腕を組んで座っているのがわかるだろう。彼らが講師や俳優を拒絶している？　そんなバカな。たんにそうしていたほうがらくだからだ。寒いときもそうしたほうが暖かい。もっとも話し合いの最中に相手がふいに腕を組んだら、そのときはあなたに賛成できなくなったという意味かもしれない。

◆◆◆万人共通のボディランゲージはない

これはボディランゲージは読めないという意味ではない。普遍的なボディランゲージはないということだ。人には考えや感情や微妙な気分などを非言語的に表わす、その人なりの方法がある。なぜそうなるのか？　それはボディランゲージが獲得された習性だからだ。人は周囲の人間のまねをする。それは両親のまねに始まり、民族的な背景とも深く結びついている。たとえば二人の少年が同じ年に、ミシガン州デトロイトで生まれたとしよう。それぞれの両親は、べつの国から米国へ移民してきた。片方の少年の両親は、表情豊かに身振り手振りを交えて話をするのがふつうの国からやってきた。だから息子も話をすると自然に手が動く。もう一人の少年の家では、よほど興奮しないかぎり、ジェスチャーを交えて話すことはない。そういう二人が高校で初めて会った。話し合いのとき、一人はふだん家庭でしているとおり、はでな身振りで話をする。もう一人はそれを見て、ほう、ずいぶん気合いが入ってるなあと感心する。その彼が、ふだんどおりの物静かな態度で答えると、最初の少年は「なーんだ、まるで興味がないんだ」とがっかりするだろう。

ニューヨーク市の学校でカフェテリアから現金が盗まれるという事件が起きて、そのときレジの近くにいた生徒全員が校長室へ呼ばれ、事情を聴かれた。その聴き取りで校長は、あるラテンアメリカ出身の女子生徒を犯人と断定し、彼女を停学処分にする。それを知ったソーシャルワーカーが校長に会いにきて、なぜ彼女を犯人だと思ったのかたずねると、彼はこう答えた。「ほかの生徒はみんな私の目をまっすぐ見て、自分がやったのではないと答えた。だが彼女は私と目を合わそうとしなかった。私と話しているあいだじゅう、ずっと下を向いていた。明らかにあの女子生徒が犯人だ」

ソーシャルワーカーはこう言った。「校長先生、それはたいへんな誤解ですよ。ラテンアメリカでは、良家の娘は身分の高い人の顔を決して直視してはいけないと教えられるんです。校長先生のような方と話をするときは、慎み深く下を向いていなければいけないんです」。文化の違いがボディランゲージの違いとなり、とんでもない誤解を招いたというわけだ。

民族的な習慣にかぎらず、家庭独自の習慣によっても独特のボディランゲージが形成される。たとえば、エスターの家族に話をすると、しきりにうなずきながら聴いてくれるので、たいていの人は自分に賛成してくれたのだなと解釈する。だがエスターにそのことを確かめると、うなずくのは言われたことをたしかに聴きましたよという意味にすぎず、賛成したかどうかはべつだということだった。

◆◆◆ボディランゲージを読むには、その人を知る

ボディランゲージがコミュニケーションの重要な側面なら、それを読む方法はないものだろうか? 一〇〇パーセント確実な方法はない。個人の非言語的な行動や反応をある程度正しく解釈できるようになる唯一の道が、相手をよく知るということだ。その人とたびたび話すうちに、注意深く観察すれば、その人なりの信号がわかってくる。クローディアは、あなたの話に賛成なら身を乗り出して聴いているだろうし、ポールの場合は首を右に傾けているのが賛成のしるしだ。エスターは何を言ってもうなずく人だが、何か迷いがあるときは、うなずきながらも困ったような顔をする。

ふだん言葉を交わす人々について頭のなかで注意深くメモを取っていけば、彼らの非言語的なサインがわかってきて、しだいに正しい解釈ができるようになるだろう。そうするうちにジェス

チャーや表情にも何人かに共通のものがあることがわかり、ある程度の一般化ができて、新しい人とつき合うときに役立つかもしれない。だが用心してほしい。その人たちと十分に経験を積むまでは、自分の解釈を信頼しすぎてはいけない。

ボディランゲージと言葉が食い違うように見えたり、信号の意味がはっきりしないときは、質問することだ。本当はどう思っているのかを言葉で話してもらう。うまく質問すれば、余計な疑いや誤解をもたずにつき合える。

コミュニケーションは無線の交信

すぐれた聴き手はコミュニケーションを無線機の交信のようなものだと認識している。送信者がメッセージを送り、受信者が応答する。その瞬間に受信者は送信者となり、相手が受信者になる。友人同士、家庭、職場、コミュニティ活動の場、そのほかどんな場所でのコミュニケーションでも、私たちはつねに送信者から受信者へ、またその逆へと役割を交替しつづけている。そうやって誰もがつねに両方の役割を果たしていることを認識していないと、メッセージは手前勝手な長談義におちいって、本当のコミュニケーションが成立しないかもしれない。

またちょうど無線の交信のように、両方の無線機のあいだに雑音が発生してメッセージがひずむことがある。雑音がじゃまをして、送り出されたものと受け取られたものがきっちり同じではなくなってしまう。メッセージが長かったり、複雑な内容だったりすると、ますますそういうことが起きやすくなる。そういうひずみが送信者側から発生することも、受信者側で起きることもある。

メッセージのひずみを直す

私たちは送信者と受信者の役割を代わりばんこに果たしながらコミュニケーションしている。だから受信したときによい聴き手でなければならないだけでなく、送信したときにも直ちによい聴き手にならなければならない。そして送ったものがそのとおりに受け取られたかどうかを確かめなければならない。

すなわちこういうことだ。メッセージを送って相手が応答すると、初めの送信者はいまや受信者となって、その応答を頭のなかのコンピュータでふるいにかける。そのときメッセージがどう受け取られたかがピンとくるように、つまりヒントが拾い出せるように、ふるいが設定されている。送ったとおりに受け取られていないのがわかったら、つぎのメッセージで訂正すればいい。たとえば——

マイラ：ねえマイク、このプロジェクトに使う設備と、資材の在庫状況と、予定日数と、人員の配置はどうなってるの?

マイク:ああ、必要なものはぜんぶ揃ってますよ。人手も十分だし。月曜日から仕事にかかれます。

マイラ:それはよかったわ。でもね、実はいま言った項目について数字がほしいのよ。報告書を書かなくてはならないの。

マイクがマイラのメッセージを受け取ったとき、彼の頭は仕事を開始することしか思いつかないように設定されていた。一方マイラの目的は、報告書を書くための情報を手に入れることだった。コミュニケーションの目的の受け取り方がメッセージをひずませたのだ。それをマイラはつぎの応答で是正した。相手がどう受け取ったかがわかったからだ。

フィードバックの輪をつくる

◆◆◆ 質問する

相手がどう受け取ったかのヒントをすべて拾い出すのは必ずしも簡単ではない。助けになるのは質問することだ。四、五回やりとりするたびに質問して、それまでの話に対する反応を見るといい。

「この方法で進めたら、どんな問題が発生すると予想されますか？」

「あなたのチームがこの段階を仕上げるのに、あとどれくらい時間が必要ですか？」

こうした質問に対する答えから、相手の受け取り方についてのヒントが見つかり、必要な訂正ができるだろう。話の内容が複雑なときは、大事な点についていくつか具体的に質問して、話が正しく受け取られ、理解されたかどうかを確認する。そうすることで問題のある箇所がすみやかにつきとめられ、直ちに誤解を解くことができる。

◆◆◆非言語的なサインを観察する

ある工場で主席技術者をつとめるキム・P博士は、こう話す。「私の部下は全員が専門家で、それぞれの分野に精通しています。だからいつも私の話を先読みしてしまうんです。それで当たっていることも多いのですが、私の話を途中から聴いていないこともよくあります。私が何を言うかぐらい、とっくに承知だというわけでね。それは困るから、彼らの様子をよく観察することにしています。目つきや、顔つきや、ボディランゲージをね。もう聴いていないようだったら、そこでちょっと話をやめて、それまでに話したことについて具体的な質問をするんです。そうやってまた話についてきてもらいます」

ローレンには英語があまりわからない数人の部下がいる。したがってフィードバックはボディランゲージが頼りだ。「ポカンとした顔だったり眉間にシワがよっていたら要注意。わかってないしるしです。もっとかんたんな言葉で言い直したり、実際にやってみせたりして言葉でない方法で説明しています」

◆◆◆ 聴き手から質問する

上司から指示を受けたときに、その意味がはっきりしなかったら、自分から質問してフィードバックの輪をつくる。

話の最後に「何か質問はありませんか?」と聞いてもらうのを待っていてはいけない。疑問が起きたら、その問題についての話が終わらないうちにタイミングを見て質問する。

指示されたことを自分で言い直してみてもいい。「つまり、こんなふうにやればいいんですね……」と言って、自分が解釈したように自分の言葉で言い直す。解釈がまちがっていれば訂正されるし、正しければその場で是認され、もっと確実になる。

特定の点について具体的な質問をすれば解釈がさらに補われ、ミスを未然に防げるかもしれない。話し合いが終わるまでには、なすべきことがあなたの頭に明確に描けるだけでなく、上司もあなたが正しく理解したことを確信できるだろう。

まとめ

すぐれた聴き手になるには――

◆共感をもって聴く。相手の身になって、どんな気持ちで話しているのか感じてみる。

◆気が散るものを身のまわりに置かない。電話は留守電にし、話し合いに関係のない書類はすべて片付ける。

◆話をひと通り聴き終えたら、不確かなところをすべて明瞭にする。聴いたことを自分の言葉で言い直し、正しく理解したかどうかを確かめる。

◆「私はこのように理解しましたが……」というように自分の言葉で言い、解釈を確かめてもいいし、特定の点について具体的に質問してもいい。そうすることで誤解が防げるだけでなく、気が緩むのも防げ、集中して話が聴ける。

◆相手の立場でものを見るようにつとめる。

◆話が終わらないうちに勝手に結論を出したり、こうと決め込んだりしない。とらわれのない、受け入れの姿勢を保つ。

◆興味をもって話を聴いていることを表情でしめす。場合により微笑んだり、心配そうにしたりする。

◆うなずくなどのジェスチャーで、話についていっていることをしめす。

◆人の話に割って入らない。相手がちょっと口をつぐんでも、自分が話してよいと解釈してはならない。ときを待つ。

◆話し手のボディランゲージを観察する。

◆フィードバックの輪を利用する。言われたことと受け取ったことが違うかもしれない。話のひずみを見つける。聴いたことを言い直すか、適切な質問をして話の流れを正しくする。

第4章 人前で堂々と話をする

世の中の恐ろしいものについて調査をすると、必ず上位に入るのが「人前で話す」ことだ。死や病気や失業への恐怖とは違い、スピーチ恐怖症を乗り越えるのはそう難しくない。デール・カーネギーはこう断言する。

聴衆の前に立つと、
座っているときのように頭が働かなくなるなんていう道理がどこにあるだろう。
立ち上がって聴衆に呼びかけようとすると、
胸がどきどきして震えが止まらなくなるなんて理由がどこにあるのか。

きっとあなたもわかるだろう、そんな状態はいくらでも治せる。
訓練と実践で聴衆への恐怖は消えていき、かわりに自信が満ちてくる。
デール・カーネギー

話す準備——それは話し上手への第一歩

人前で話すときには準備が不可欠だ。仕事上の話をするときのことについてはつぎの章に譲るとして、もしも子供の学級や、地域の集まりなどで話すことを求められ、話題を選ばなければならなくなったら、自分がよく知っていること、精通していると思っていることを話すのがいちばんだ。一〇分や一〇時間で話の準備ができると思ってはいけない。一〇週間や一〇カ月はかかる。いや、もっとうまく話したいなら一〇年かかるかもしれない。

自分が興味をかきたてられたことを話す。人に伝えたいという強い思いのあることを話題にする。デール・カーネギーが、パブリックスピーキングのクラス、つまり話し方教室の生徒だったゲイ・Kのことを語っている。彼女はその教室に参加するまで人前で話したことなど一度もなかった。

彼女はおびえていた。人前で話すなんて、自分の手にはとても負えない離れ業のようで恐ろしかった。その彼女が聴衆を魅了した。講座の四日目に「人生で最も残念なこと」について即興で話すことを求められると、とても感動的な話をした。聴衆は涙を抑えられず、カーネギー自身も涙を流しながらその話を聴いた。それはこんなふうに始まった。

「私が人生でいちばん残念に思うのは、母の愛を知らないことです。母は私が一歳のときに死にました。それからは何人ものおばたちや他の親戚の家を転々として育ったのですが、どこも自分の子供たちで手いっぱいで、私にかまっているひまなんかありません。どの家にも長くはいられませんでした。どこでも私が行くと困った顔をして、出ていくときはうれしそう。愛情どころか興味をもってもらったことすらありません。自分はじゃま者だということがよくわかりました。子供でもはっきりわかるんです。さみしくて、泣きながら眠ることもたびたびでした。そのころの私のいちばんの願いは、誰かに通信簿を見せてごらんと言ってもらうこと。そんなことを言ってくれる人も、気にかけてくれる人もいなかった。私は愛に飢えていました。愛を与えてくれる人はどこにもいませんでした……」

ゲイはこの話を一〇年かけて準備したのだろうか？　いいや、二〇年かけた。泣きながら眠りについた子供時代に、すでにこの話をする準備は始まっていた。通信簿を見せてごらんと言ってくれる人がいなくて胸が疼いたときに、すでに始まっていた。だからその話ができることに何の不思議もなかったのだ。彼女はそういう幼いころの記憶を心から消し去ることができなかった。身体の奥につらい記憶と感情が蓄えられていることをただ思い出すだけでよかった。そういうものを汲み上げる必要も、話に仕立てる必要もなかった。鬱積した感情と記憶がまるで井戸から石油が吹き上げるように、どっとこみ上げてくるのに任せればよかったのだ。

人生から身をもって学んだことを話せば、きっと聴き手の心をつかむ。

デール・カーネギー

よく知っているわけではない題材について話をするときの準備

ときには自分でも知識や経験があまり、あるいはまったくないことについて話すことを求められるかもしれない。仕事上のプレゼンテーションをするときなどは、往々にしてそうだろう。そういう話の目的は、たいてい相手に何らかの行動を取ってもらうことだ。つまりお客さんに何か買う約束をしてもらいたいとか、長期計画のつぎのステップに進もうとか、方向転換を決断してほしいとか。そんなときはたいていプレゼンテーションが必要になる。

この種の話の準備をするには、まず目的を考える。すなわち聴き手に取ってもらいたい行動を念頭に置き、そこから逆に考えていく。だからプレゼンテーションをするつもりなら、つぎは実例やエピソードなどを探す。そういうものが聴き手の気を引き、取ってほしい行動への布石となるからだ。実際の出来事を生き生きと再現できれば、それは聴き手の行動を導くレールになる。実際の出来事は、聴き手が納得して行動するための証拠でもある。したがって実例をあげるときは、それが当初私たちに与えたのと同じ効果を聴き手に与えられるように再現しなければならない。それが下地となって私たちの主張はより明確に、強力に、ドラマティックになって、聴き手に強い説得力をもつものになる。

つぎにしなければならないのは、調査してできるだけ多くの情報を入手することだ。すぐれたプレゼンテーションをするには、話に実際に使用する情報量の一〇倍は必要だと思ってほしい。私たちの主張の裏づけとなる証拠を収集する。証拠の効果的な使い方については第6章で述べたい。最後に「結び」を準備する。プレゼンテーションの最後の一言は、聴き手が行動を起こす気になるかどうかの大きな決め手だということが証明されている。利益――その行動を取ることで聴き手にどんな利益があるか――で話を締めくくると、望ましい結果が得られる。

話をドラマティックにする「魔法の公式」

話がまとまらなかったり、筋が通らなかったり、退屈になったりするのを避けられる単純な三段方式がある。簡単に応用でき、スピーチやプレゼンテーションが驚くほど生き生きとして力強くなる。つぎの三つのステップからなる魔法の公式だ。

出来事◆主張したいことをうまく説明するような出来事やエピソードで、まず聴き手の注意を引く。

行動◆つぎに、聴き手にどんな行動を取ってほしいかを述べる。

利益◆その行動を取れば聴き手にどんな利益があるかを述べて話を結ぶ。

人を説得するには、まず自分が気合い十分でなければならない。誠実に、情熱をもって話をする。一言たりとも嘘はないということが相手に伝わらなければならない。

◆出来事

報告したり提案したりするときは、つねに「出来事」から始める。なぜか？　出来事はすぐさま聴き手の注意を引き、話がくだけた感じになって身近に感じられるからだ。「魔法の方式」を使うときは、「行動」と「利益」のステップはどちらも簡潔明瞭で具体的に述べなければならない。「出来事」には、私たちがそこから教訓を得た体験を選ぶ。聴き手にどう行動してもらいたいかを伝えるのが目的だということを忘れないように。

◆行動（目的）

「魔法の方式」の第二のステップは「行動」、すなわち聴き手にしてもらいたいことだ。わが社の製品を買ってほしいとか、下院議員に手紙を書いてほしいとか、タバコをやめてほしいとか、あるいはただその問題についてもっと考えてほしいとか。行動は具体的であればあるほど望ましい。話を明瞭にするには、具体的な行動を一つ取り上げ、それによる具体的な利益を一つあげる。

◈利益

第三のステップは、求められた行動を実行することで聴き手が受け取る「利益」を述べる。たとえば「この部品を使えば、御社の○○の製造にかかる時間もコストもこれだけ削減できます」とか「タバコをやめれば、自分が健康で長生きできるだけでなく、家族が間接喫煙の害を受けることもありません」とか。話す準備には、話すのに使う時間の少なくとも三倍は投資する。

聴き手の視点で話をする

聴き手の気持ちを動かして、変化を受け入れさせられるかどうかは、相手の視点で話ができるかどうかに大半がかかっている。プレゼンテーションでは早いうちに聴き手の信頼を得なければならない。聴き手に好感をもってもらい、変化を考慮する必要性をすみやかに確実なものとしなければならない。それをすんなりやってのけるのが「出来事」だ。人を説得するには、こちらの求める変化が必要だという証拠を明瞭に、自分の視点で見てもらわなければならないからだ。変化を押し付けられたと思われてはいけない。変わることが論理的な選択だと理解してもらわなければならない。

変化の必要性が確定したら、取りうる選択肢のそれぞれについてプラス面とマイナス面の両方を説明するといい。このときも選択肢が必ず聴き手の視点で考慮され、信頼のおける公平なやり方で議論されるように注意しなければならない。

そうやって結論を出す。私たちが最良と信じる選択肢を支持する証拠をもって。どんな行動を取るか、それによってどんな利益があるかを述べて話を結ぶ。そうすることで聴き手は、その望ましい結果を生むであろう変化を喜んで受け入れる気持ちになるだろう。

スピーチを準備する八つの原則

スピーチの準備に大いに役立つ八つの原則をあげておく。

1◆話の題材にしたいおもしろいことについて、簡単なメモをとる。

2◆原稿はつくらない。原稿をつくると書き言葉になり、くだけた座談調にならない。またたぶん話そうと立ち上がったとたんに、原稿にどう書いたか思い出そうと必死になるだろう。それでは自然な、生き生きとした話し方ができない。

3◆丸暗記はいちばんいけない。暗記したことはほぼまちがいなく忘れる。聴衆はもしかしたら喜ぶだろう。録音されたみたいなものを聴きたいと思う人は誰もいないからだ。忘れなければ忘れないで、いかにも暗記したという感じをまぬがれない。目つきはうつろだし、声もよそよそしく聞こえる。

4◆長い話で、何を話すか忘れるのが心配なら、簡単なメモをつくり、話しながらときどき目をやるようにする。

5◆実例をたっぷり盛り込む。話をおもしろくするいちばんらくな方法が、実例をふんだんに使うことだ。

6◆キーポイントの説明にも逸話やエピソードを使う。自分や知人がそれにどう取り組んだかを語る。調査や研究からわかった具体的な例をあげる。

7◆そのテーマにかんする「大家」になる。余力や余裕というのは貴重な財産だ。話に使う情報量の一〇倍の知識をもつ。

8◆友人を相手にリハーサルをする。正式にやる必要はないが、感想を聴いて、話がどう受け取られるかを確認する。ジョークが受けるかどうか、どこが聴き手の興味を引くかもわかるだろう。鏡の前で一人でリハーサルをしていても、そういう情報は決して得られない。

ジェスチャーを利用する

コミュニケーションを効果的にしたければ、声以外のものも動員するのが得策だ。身体の動きやジェスチャーも利用する。身体全体を使って話すということだ。思わず身体が動いてしまうというような自然なジェスチャーは、つぎのような二つの理由でとても効果的だ。

まずジェスチャーには話す人自身を刺激して、気分を盛り上げる効果がある。また本人の気持ちを奮い立たせる一方で、緊張をほぐしリラックスさせる一面もある。ジェスチャーがくわわると、身体的にも知的にも感情的にも解放される。

ジェスチャーはもちろん聴き手にも強い印象を与える。聴き手が感情的な影響を受けることは明らかで、ときには劇的でさえあるだろう。世界の偉大な演説者のことを考えてみるといい。感情が身体からあふれ出すようなジェスチャーによって、必ずと言っていいほど会場全体が大きく盛り上がり、メッセージがますます力強くなる。

ジェスチャーにかぎらず、聴衆を前にしたときは自分の身体がどう見えるかにつねに注意する必要がある。

◆脚を組んだり、腕組みしたりしない。
◆かばんや書類やコーヒーカップなどの障害物を身体の前に置かない。
◆立つときは脚を開きすぎたり、交差させたりしない。
◆腰に手を当てて話さない。
◆演台に目を落としたまま（原稿を読みっぱなし）にしない。
◆背筋を伸ばし、顔を上げ、胸を張って話す。
◆聴衆に視線を合わせる。
◆適宜に微笑みを浮かべる。

年を取るにつれ、たいていの人が若いこころの自然なのびのびとしたところを失っていき、コミュニケーションが音声的にも身体的にもありふれた何の新鮮さもないものになっていく。気づけば手も足もいっこうに動かず、ジェスチャーが自然に出てこない——つまり私たちは生き生きとした、身体からわき出るような真の会話を失っている。

デール・カーネギー

伝わりやすい話し方を手に入れる五つのアドバイス

しゃべり方が明瞭でないと、話が十分に伝わらない。だいたい自分のしゃべり方が他人にどう聞こえるか、本当に知っている人はほとんどいないだろう。声は他人には、自分に聞こえるのとは違ったふうに聞こえる。第2章の電話のところで述べたように、自分のしゃべり方が人にどう聞こえるかを知るには録音するしか方法がない。しかし雑誌の数ページをレコーダーに向かって読んでみても、やはり役立たないだろう。録音されていることを意識せずにしゃべっているところを録音する必要がある。簡単なのは、声で自動的に作動するレコーダーをデスクの上に一日置いておくことだ。電話であれ、じかに交わした会話であれ、その日しゃべったことがすべて録音される。それを聴けばきっとしゃべり方の問題が見つかる。

1◆癖を自覚する

ダニーは管理職だが、ぼそぼそと低い声で話すので、部下が指示をはっきり聴き取れないことがある。だが部下たちはそのことを言い出せず、推測で仕事をする。その推測がしばしばまちがっている。当然ミスが起きたり締め切りに間に合わなかったり、その他さまざまな問題が発生する。

キャリーは頭がいい。その頭の回転に合わせて猛烈な早口でしゃべる。あいにく聴き手はついていけず、聴き逃しが多い。

ダリルはその逆で、とてもゆっくりしゃべる。わかりやすいのは確かだが、聴き手のほうが話を先取りして、彼がきっとこう言うものと決め込んでしまうことがある。その予測がしばしばまちがっている。

テリーとメリーとジェリーは、しゃべるときに余分な音声や言葉や文句がはさまる。テリーはあらゆる単語の末尾に"er"の音（あいまい母音）がくわわるし、メリーは何を言っても最後に"Y'know"（ですネ）をつけなければ気がすまない。ジェリーも何か言うたびいちいち"OK!"を差しはさむ。こういう癖になった音声や文句は「言葉のヒゲ」と呼ばれ、とても聞き苦しいことがある。

こうしたものはしゃべり方の難点としてごくありふれたものだ。ほとんどの人は自分にこんな癖があることに気づいてさえいないだろう。こうした難点の解消に必要なのは、その癖を自覚することだけである。自分がしゃべっているところを録音して、注意深く聴くといい。ぼそぼそ話しているのがわかったら、明瞭に話す努力をする。いちいち「えーと」や「あのー」「そのー」がはさまることがわかったら、そういう言葉を決して口にするまいと決心することだ。

2◆専門家の助けを借りる

吃音などの深刻な問題がある人は、おそらく口頭でのコミュニケーションが多く求められるような場に出ることを避けるだろう。しかし近年の研究で、そういう人々の助けになるいろいろな方法が開発されている。有名なのがジョン・グレン上院議員の妻、アン・グレンの例だ。アンは重度の吃音を克服し、夫が立候補したときには応援演説までやってのけた。

アイヴァンはロシアから移民として米国へ来た。故国で英語を学んではいたが、なまりが強すぎてアメリカ人には通じにくい。腕のいい技師だったが、コミュニケーションの問題のせいで昇進への道は閉ざされていた。その彼が、キャリアカウンセラーの勧めでスピーチセラピストの助けを求めたところ、一年もたたないうちに話し方が目覚ましく改善され、ついに管理職に登用される。それは社の内外で重役クラスとやりとりする必要のある重要なポストだった。

スピーチセラピスト（言語訓練士）による指導は、米国ではほとんどの大学を通じて受けることができ、通じにくい外国なまりをはじめ、話し方の種々の難点を克服するのにひじょうに効果が高い。

3◆口調にめりはりをつける

クロードは一本調子な話し方をする。話がわかりにくいわけではない。言いまわしも言葉づかいもとてもいい。しかし彼の話をずっと集中して聴いているのは難しい。口調にめりはりというものがないからだ。話し方が単調だと、聴き手の関心を引きつけておけない。他の癖と同様、そういうしゃべり方も本人には自覚がない。録音を聴いてそういう癖が自覚できれば、克服する具体的な努力ができる。

4◆テンポを選ぶ

ゆっくり話すか口早に言うかもメッセージの伝わり方に影響する。切迫感や興奮を伝えたいときは、テンポを上げたほうがいい。早く仕事を仕上げてほしいとか、締め切りに間に合わないよといったことを部下に言いたいときに、のんびりした口調で伝えても緊急事態だという感じがあまりしないだろう。

反対に、何かをしっかり理解してもらいたいときは、ゆっくりと噛んで含めるように言うといい。「うちの課の仕事が雑だという苦情がたくさん来ています。みなさんの一人ひとりが――チェックに――あと一分だけ――時間をかけてくだされば――これは解決することです」

5◆声の大きさを調節する

話をしながら声に大小をつけるのは、印刷物の活字を太字やイタリックに変えるのと同じだ。話の流れに応じて、ボリュームを上げたり下げたりすることも考える。

力説したいとつい声が大きくなるが、どなるような大声は聞き苦しく、逆効果のことも多い。大きすぎないように、また小さすぎないように調節に気を配る。もともと声が大きい人は、人前でマイクを使って話すときにはとくに注意する必要がある。大きい声はマイクを通すとひずみやすい。ふだんの声が大きくても小さくても、人にどう聞こえるかということを念頭に置いて調節する練習をする。

人前で話すにしろ個人的に話すにしろ、この五つのアドバイスに従えば、話がもっとよく伝わる。聴き手に与える印象も、より好ましいものになるはずだ。

聴衆に好感を与える一二の方法

メッセージに共感してもらうには、聴き手に好感をもってもらわなければならない。聴き手の心をつかみ、聴衆を動かす、証明済みの一二の方法をつぎに記す。

1◆スピーチを求められたことを光栄と思い、まずそう述べる。

大勢の前で話をすることを求められたということは、聴衆の数やタイプがどうであれ、まちがいなく名誉なことだ。敬意を表されたことに感謝するのは礼儀である。またそうすることが聴衆の好感を得る一つの方法だ。

2◆聴衆を正直にほめる。

どんな聴衆かも知らずに、その前に立ってはいけない。話を始める前に、聴き手についてできるだけ多くの情報を得ておくことが必要だ。そして彼らの美点や特別なところについて一言二言ふれ、話し手に選ばれて誇らしく思うということを伝える。

3◆おりがあれば聴衆の誰彼の名前をあげる。

名前ほど、その人にとって美しく聞こえる言葉はない。だから話のなかでチャンスがあれば聴衆のなかの誰彼の名前をあげるといい。集会で演説する政治家は、必ずといっていいほど聴衆のなかにいる地元の役人の名前を口にするものだ。

4◆謙虚にふるまう。威張らない。

謙虚な人はたいてい信頼されるし好感をもたれる。エイブラハム・リンカーンはその代表だった。リンカーン対ダグラスの討論が続いていたある晩、彼はブラスバンドの演奏とともに演説会場となったホテルのポーチへ迎えられた。そのとき照明が薄暗いのを見て、誰かがランタンを掲げてリンカーンの武骨な顔がよく見えるようにした。彼はこう話を始めた。「私はみなさんからあまりはっきり見えないほうが、覚えがめでたそうなのですが……」。彼は聖書の知恵を知っていた。「だれでも高ぶる者は低くされ、へりくだる者は高められる」(「マタイによる福音書」二三―一二)

5◆「あなたがた」ではなく「私たち」を使う。

聴衆を下に見るような態度は絶対にいけない。「あなたがたは…」「みなさんは…」ではなく「私たちは…」を使って聴衆全体を話し手の側に取り込む。「心配事があったら、みなさんは心配するひまがないほど忙しくしているほうがいいのです」というように二人称的な言い方だと、なんだか聴き手にお説教しているように聞こえる。「心配事があったら、私たちは心配するひまがないほど忙しくしているほうがいいのです」と言うのとだいぶ印象が違うだろう。「あなたがたは」という言い方は、相手に対して優越感をもっているようで、不快な感じを与える。ただし「私たちは」を連発するのも、上からものを言っているように聞こえるかもしれない。

6◆笑顔と明るい声で話をする。

険悪な顔つきやとげとげしい声で話をしてはいけない。表情や口調がしばしば言葉より多くを語るのを忘れないように。人前でのスピーチはもちろん、ふだん誰かと話すときでも、しかめっ面で友達はつくれない。

中国の古いことわざに、切り抜いて帽子の内側に貼り付けておきたいものがある。こんな文句だ。

「笑顔になれない人間に店は開けない」
デール・カーネギー

7◆聴き手が興味をもっていることを話題にする。

聴き手が何より関心をもっているのは、自分と自分の問題を解決することだ。それは永遠に変わらない。だから、どうしたらもっと幸福になれるか、お金がもうかるか、悩みが消えるか、ほしいものが手に入るかを話せば喜んで聴いてくれるだろう。そういうときはこちらがどんな口調でも、間の取り方がどうでも、立っていても座っていても、身なり風体、ジェスチャー、文法がどうでも、まったく関係ない。

たとえばあるセールスマネジャーに、なぜそんなにやすやすと友達ができるのか、なぜ誰とでもそんなに話がはずむのかをたずねると、彼女は、相手にこう質問するだけだと答えた。「どうしてこの仕事をするようになったの?」。その答えを話題の中心にするというわけだ。この簡単な質問が驚くべき力を発揮する、とくに相手と初対面のときはこの質問にかぎると彼女は言った。

聴衆が何に関心をもっているかを前もって探り出し、話のなかでさりげなくふれるといい。

8◆楽しんで話す。

話し手が楽しく話せなかったら、どうして聴き手が楽しく聴けるだろう。人の気分や感情は、よかろうが悪かろうが必ず周囲に伝染する。私たちが楽しく話したり、歌ったり、踊ったりしていれば、それを見ている人や聴いている人もきっと楽しくなる。気持ちは、はしかと同じくらい伝染力が強いのだ。

どうしたら会場が大盛り上がりになるようなスピーチができますかとたずねる人がいる。簡単なことだ。しゃべりたくてしかたのないことをしゃべればいい。話していると自然に目が輝き、声から熱意がほとばしるような何かを語ればいい。

9◆お詫びの言葉で始めてはいけない。

スピーチがこんな言葉で始まるのを誰でも聞いたことがあるだろう。「実は今日ここでお話しするようにと言われましたのがつい二週間前でして、議長から社長の代理をせよとのことで……」。こんなふうに始める人もいる。「人様の前でお話しすることに慣れていないものですから、さぞお聞き苦しいことと……」。話しはじめる前から謝ってはいけない。

スピーチをするのに必要な準備ができないなら、その誘いを受けてはいけない。ベストを尽くしてその場に臨んだのなら、詫びる必要はまったくない。ベストを尽くせなかったのなら、どんなに詫びてもそのお詫びは受け入れてもらえないだろう。お詫びはたいていの場合、いらだたしいだけで、聴衆の時間のむだづかいだ。
ただし飛行機が飛ばなかったとか汽車が遅れたといった避けられない事態のために遅刻したようなときは、事情を手短に説明して、ていねいにお詫びを言う。そしてそれ以上時間をむだにしないように、すみやかに話に入る。

10◆聴衆の高いこころざしに訴える。

聴衆の気高い精神に訴えて、場を盛り上げるのは簡単ではない。まず自分たちが深く感動していなければならないし、そこまで心を動かされることはそう多くない。人を感動させ賛同させるには、こちらの提案に従えば何らかのかたちで世界の平和と人々の幸福に役立てるのをしめすことだ。そういう実例を話に盛り込む。たとえば女優のスーザン・アールはお気に入りの慈善事業「ヘーファー・インターナショナル」への寄付を募るスピーチのなかで、ほんの少額の寄付でも、それでインドの一家がヤギを買えること、その乳でその家の子供たちが育ち、余った分を売ることでいくらか収入が得られることを語った。人々の美しい心のともし火がひとたび灯され、話し手と聴き手を同じ光で包めば、その輝きと温もりは忘れられないものとなるだろう。

いまは演出の時代だ。
ただ真実を述べるだけではいけない。

真実を生き生きと、おもしろくドラマティックに語ることだ。
演出家になりなさい。
映画はそうやってつくられる。
テレビもそうやってつくられる。
注目を集めたいなら、あなたもそうするべきだ。

デール・カーネギー

11◆批判を歓迎する。腹を立てない。

おそらく、進化論を唱えたチャールズ・ダーウィンほど酷評され非難された科学者はいないだろう。しかし彼はどんな批判者に対しても決して不快感を表わさなかった。それどころか感謝した。自分の人生の目的は未知の世界を探り、真実を明るみに出すことだ、それには一つの頭脳より二つの頭脳のほうがいいと言って。「もし私がまちがっていたら、できるだけ早く叩きのめされ、抹殺されるべきだ。それは早ければ早いほどいい」と彼は言った。

12◆誠実であれ。

どれだけ話がじょうずでも、誠実さと真心の不足を埋め合わせることはできない。聴衆に好感をもってもらうには、私たちの正直さを信頼してもらう必要がある。聴き手は私たちの意見に賛成ではないかもしれない。だが何かを訴えたければ、その意見を私たちが心から信じていることを尊重してもらわなければならない。

批判を歓迎し、敬意と謙虚さをもって応えてほしい。態度は言葉より多くを語るものだ。誠実さ、気高さ、謙虚さ、そして利己心のなさが聴き手の心を深く動かすだろう。聴衆は弁舌のあざやかさに舌を巻くような手だれの演説者よりも、誠実さと無私の心がにじみ出るような不器用な話し手のほうがずっと好きなのだ。

講演者を紹介する

会議の司会者をつとめたり、講演者を招いて集会を開くときの世話役になったりすると、おそらく講演者を聴衆に紹介する役目がまわってくるだろう。紹介というひとこまは、それまでの場を切りかえて、紹介される人物とその人が語ることに聴衆が十分に注目できるような下地をつくる。

講演者の紹介は、話し手と聴き手のつながりを明らかにする役割も担う。話し手の資格や肩書きを告げ、話し手が提供するものがどう聴き手のためになるかを指摘して、聴き手に話し手を受け入れる準備をさせる。これはＴＩＳ方式と呼ばれ、話題(topic)、利益(interest)、演者(speaker)の順に話を進める。

T――最初に講演のタイトルや話題（topic）を告げる。
I――その話題が聴衆にとってなぜ重要なのか、なぜ利益（interest）になるかを指摘する。
S――演者（speaker）の資格や肩書きを告げる。資格によって、その人が語ることへの信頼性が確立される。そのあと演者の名前を告げる。

◆自分を紹介してもらう

TIS方式は講演者を紹介するときにだけでなく、あなた自身が講演を頼まれたときにも利用するといい。あなたを聴衆に紹介してもらうときの文章は、自分で用意する。文字や活字は薄暗いステージでもはっきり読めるように、なるべく大きいほうがいい。

紹介文を書き上げたら、本番までまだ十分な日数があるうちに、会場で実際に紹介してくれる人にわたして読んでもらう。質問が出れば答える。本番ではてきぱきとうれしそうに紹介してほしいとその人に頼んでおく。

◆自己紹介する

自己紹介のときは、話の順序がいくらか変わる。最初に自分の名前を名のり、所属する組織や会社を告げる。それから話題と、聴衆にとってその話がなぜ重要かを述べる。資格を告げるときは、経歴や肩書きのなかからその場の話題と聴衆にふさわしいものを選ぶ。

講演者にお礼を述べる

集会の司会者になると、講演者にお礼を述べる立場にもなるだろう。演者の骨折りと聴衆にとって貴重な話をしてくれたことに感謝を表わす。全体に簡潔を心がける。基本的には聴衆の代表という立場で述べる。つぎのＴＩＦ方式を使うといい。

Ｔ――まず演者の名前を呼んでお礼（thank）を言う。

Ｉ――つづいて話のなかでとりわけ聴き手のためになった（interest）一箇所に言及する。

Ｆ――最後に型どおりの挨拶（formal statement）で謝意を表わし、もう一度演者の名前（フルネーム）を呼ぶ。

まとめ

効果的なスピーチをするコツは――

◆聴き手がどういうグループか、できるだけ情報を得る。
◆スピーチに使う分の少なくとも一〇倍の情報を集める。
◆キーポイントをうまく説明するようなエピソードや出来事で話を始める。
◆主張の裏づけとなる証拠をしめす。
◆発音、文法、口調、テンポに注意する。
◆ジェスチャーを交え、めりはりのある話し方をする。
◆聴き手に取ってもらいたい行動を明確に述べる。
◆その行動を取ることで、聴き手の側にどんな利益があるかを指摘する。
◆厄介な質問にも答えられるように準備する。
◆何があっても職業人として冷静を保つ。
◆伝えたいことを明瞭に簡潔に積極的に伝える。
◆アイディアと、自分と、組織を売り込む。
◆力量と自信の伝わる話し方をする。

第5章 プレゼンテーションの腕をみがく

仕事上のプレゼンテーションのほとんどは、聴き手に何らかの行動を取ってもらうことが目的だ。お客さんに商品を買う約束をしてもらいたいとか、職場の習慣や手順の変更を決断してほしいとか、あるいは新しいプランや企画を受け入れてもらいたいとか。たんなる更新のようなものの説明会でさえ、誰かになにがしかの行動や決心を求めることになる。

プレゼンテーションは準備が十分でなければ望ましい結果は得られない。出だしで聴き手の興味を引き、気持ちをがっちりつかまなければならないし、すっかりその気にさせて終わらなければならない。

聴き手はどんな人々か

聴き手の期待を知らないのに、それを満足させようというのは無理な相談だ。やみくもに的を射るようなもので、たまには当たるかもしれないが、まぐれ当たりでしかない。プレゼンテーションの準備の一つは聴き手の調査だ。つぎのような情報を集める。

◆知識

その問題について聴き手がどれだけ知っているかを調べる。もしかしたら聴衆は私たちより知識があるかもしれない。下調べなしに聴衆の前に立ってはいけない。相手に知識がないと勝手に決め込んで、上からものを言うような落とし穴に落ちないように。

弁護士のスタンリー・Lはシティ・ナショナル銀行の管理職を対象に、最近施行された労働法改正についての説明会を始めた。新しい条項を詳しく解説しながらふと聴衆に目をやると、なんだか退屈そうで、よそ見をしたりしている。休憩時間に何人かの出席者と話をすると、彼らが最近その問題についてのセミナーに出席していたことがわかった。聴き手がそれまでにどんな勉強をしたかを調べていたら、スタンリーはすでにみんなが知っているような基本的なことに時間をかけたりはしなかっただろう。法的な派生問題のような、前回の教育には含まれなかった側面にもっと力を注いだはずだ。

◆専門性

聴き手の技術レベルや知識レベルも重要だ。それによって題材をあつかう角度が変わってくる。専門家や玄人の集団が対象なら、プレゼンテーションもそれ相応の専門性の高いものにしていいし、特定の訓練を受けた職人や労働者がほとんどなら、その特殊性に合わせた事例やテクニックを用意する。

◆経験

聴衆がどれだけ経験のある人か、またどんなレベルの経験をどんな環境で積んだかも考える。実験室での経験は、農場や工場でのそれとは大きく違う。そうした経験をふまえた事例や説明ならば親しみがもてるし、受け入れやすい。

◆ニーズ

聴き手に満足してもらい、今日は参加してよかったなと思いながら家路についてもらいたいなら、彼らのニーズに応えることだ。理論は証拠を積み上げていくときには大事だが、最終的にはその理論が、どう行動に転化されるかをしめさなければならない。

◆求めるもの

必要なもの（ニーズ）と求めるものとは似ているが、必ずしも同じではない。ニーズに応えただけでは聴衆を満足させたり行動に移らせたりするのが難しいことがある。

サリー・Lは高価なハンドバッグやアクセサリーをあつかうブティックを経営している。参加したセミナーで、最初の講演者の話を聴き終えたときにはなんだか物足りない感じがした。その人は店舗経営で利益を上げるコツはこれこれだという話しかしなかった。そのアドバイスにはなるほどと思ったが、わくわくはしなかった。ところがつぎの講演者は、自分がいつか実現したい「夢のお店」について語った。サリーはたちまち話に引き込まれ、夢中で聴いた。なぜならそこには彼女に必要なことだけでなく、彼女が求め、あこがれているものが語られていたからだ。

◆目標

プレゼンテーションのプランを立てるときには、聴き手が将来的にどういう目標をもっているかを調べて念頭に置くといい。人材管理コンサルタントのアラン・Lは、クライアントの会社の人事課スタッフに「従業員の福利厚生」についで話をすることになったとき、前もって人事課長と面会し、課の短期目標と長期目標について話を聴いた。それによってプレゼンテーションの内容を一般的な話でなく、それらの目標に沿ったものに調整することができた。

プレゼンテーションの目的はそう多くなく、たいていはつぎのようなものだ。

◆説得

大方のプレゼンテーションの目的は聴き手に何かをしてもらうことだが、要は聴き手が決心したり行動を取ってくれるように説得するということだ。

◆情報提供

聴き手の教育のために情報を提供することもプレゼンテーションの目的となる。明瞭さとわかりやすさが重要になる。

◆動機づけ

聴き手に考えを変えてもらいたいときや、嫌がっている行動を取ってもらいたいときは、何とかしてその気になってもらうことがプレゼンテーションを開く目的になる。説得にはたいていこの「動機づけ」が必要になる。

◆楽しませる

プレゼンテーションはつねにある意味で、楽しめるものでなければならない。聴き手を好ましい精神状態にし、説得や教育や動機づけを受け入れさせるには、楽しんでもらう必要がある。必ずしもユーモアが必要なわけではないが、あれば大きな強みになるだろう。人を楽しませるということは、広い意味では、この場に参加してよかった、この人の話が聴けてよかったと聴き手に思わせることだ。

何を言いたいのか

伝えたいことを明確に伝えるのが大事だということは、言うまでもないように思われるかもしれないが、残念ながら何を言いたいのかよくわからないプレゼンテーションにときどき出会う。その問題について考えがまとまっていないのかもしれないし、言いたいことを詰め込みすぎて、どれが大事なのか見分けがつかなくなっているのかもしれない。何を伝えるべきかを明確に定めて終始念頭に置き、話がわき道へそれないように気をつけなければならない。

信頼感のもてるスピーチをする

組織の代表として人前で話をするときは、どんな集団に話す場合でも——顧客でも、商工会議所のメンバーでも、ロータリークラブでも立法委員会でも——話し手である私たちの印象が、組織全体に対する聴き手の見方を決定してしまう。つまり私たちのスピーチのよしあしで、会社に対する顧客の評価が左右されるというわけだ。ビジネスの話の聴衆は、語り手を信頼できないかぎり、会社や製品についての話を信頼する気になれないだろう。

ビジネスの話をするときによくあるまちがいは、会社の力量を誇張しすぎるということだ。本当にそんなに業績がいいのか、そんなことが達成できるのかと疑わせるような話をすれば、私たちが、ひいては会社が信頼を失うことになる。組織や会社については事実を語ることだ。そして事実を語ったら必ず利益を語る。もちろん聴衆の側が手にする利益だ。

プレゼンテーションは出だしが肝心

プレゼンテーションの出だしは、内容とは別物と思っていい。出だしの部分の役割は、話し手とそのメッセージに聴き手の興味を引きつけることだ。フォックス・ニューズの社長でレーガンやブッシュのメディア参謀だったロジャー・アイルズは、著書のなかで「スピーチは最初の七秒が勝負」と述べている。話し手の印象がよくも悪くも決まってしまうと。今日のようなペースの速いビジネス社会では、このほんの七秒間で職業人として聴衆に信頼されるかどうかが決まる。この第一印象がもし悪ければ、そのプレゼンテーションのあいだに修正することは、不可能ではないにしろ難しい。

多くのことがかかっている以上、聴き手にはぜひとも私たちを信じられる、信頼にあたいする本物の職業人だと見てもらわなければならない。そういう評価がプレゼンテーションの最初の一言からもう始まっているというわけだ。ならば、出だしの部分の準備と話し方には心して取り組む必要がある。自然な、誰かに個人的に話しかけるような態度で聴き手に信頼感を与え、好意的な目を向けてもらう。開口一番に、「おや？」と注目を引くような何かを言うといい。たとえば――

◆私たちはある貴重な財産を、誰でも同じだけもっています。それは――時間です。

◆昨年、米国内で、あるちょっとしたものが一〇〇万個売れました。それが本当に必要な人なんか一人もいませんでした。

ほかにも――

◆◆◆ニーズや関心にもとづく質問

◆○○（製品やサービスの名前）をもっとたくさん売る方法があったら、知りたくありませんか？

◆心臓発作を防止する方法をお教えすると言ったら、みなさんいかがです？　お聴きになりたいでしょう？

◆◆◆謎めいた文句

◆ちょっと腕を組んでみてください。どっちの腕が上になっていますか？　右ですか、それとも左？（癖や身についた習慣を直す難しさについてのスピーチの出だし）。
◆御社の最も大きな財産は、バランスシートには決して表われません（従業員の価値についてのスピーチの出だし）。

◆◆◆ほめ言葉

◆みなさんが地域の絆づくりにどれだけ力を尽くしてくださったか会長さんからうかがい、ともてうれしく思っています。これはひとえにみなさんの……（地域の協力者との昼食会でのスピーチの出だし）。
◆みなさんおめでとう！　このたびは前年度比一二一パーセントの売り上げ達成です。これはまさにみなさんが……（販売会議冒頭の部長のスピーチの出だし）。**注意**――スピーチをほめ言葉で始めるときは、何か具体的なことや事実についてほめたほうがいい。たんなる印象や伝聞だけでほめると、お世辞に聞こえることがある。

◆◆◆ドラマティックな出来事

◆火曜日の夕方のことでした。うしろから真っ赤なつやつやのスポーツカーがやってきて私を風のように追い越していきます。するといきなりタイヤの軋む、けたたましい音。

その先は大きな穴だらけの砂利道で、ブレーキをしっかり踏んで這うように下っていかなければならないんです。そのときふと思いました、この状況はまさに私たちの情報システムみたいだなあって。私たちは市場に出たばかりの最新のソフトウェアや機器を使いながら、とっくに時代遅れになったケーブルシステムで通信している。あの美しいスポーツカーと同じで、私たちも新しい光ファイバーケーブルのネットワークを使わなければ、潜在的な性能を発揮できません。

あなたがいままでしたスピーチのどれにも必ず三通りの話がある。
一つは練習した話。
もう一つは実際にした話。
そしてもう一つが、こう話したらよかったのにと思う話。
デール・カーネギー

本題を提示する

出だしで聴衆の気持ちをつかんだら、つぎはテーマや本題の提示である。ちょうど交響曲がまずテーマを奏で、それからその変奏へと進んでいくように、プレゼンテーションでは本題を提示したら、事実や情報や証拠を織り込んで話を展開させていく。

本題に入るときは、出だしで引きつけた聴衆の注意をその問題に集中させる。それはつぎのような宣言になるかもしれない。「ではこれから新しい予算案について、賛否両論を検討したいと思います」。あるいはこんな質問かもしれない。「さて来年度、市場シェアの一〇パーセント増を達成するには、どのようなステップが必要でしょうか？」。ときにはつぎのような論理の提出になるかもしれない。「ところでもし……が事実なら、……もまた事実ということになり、したがって当然……ということになります」

証拠をしめして疑いを晴らす

プレゼンテーションを効果的にするのに不可欠なのが、証拠を使うことだ。たとえ口にはされなくても、聴衆の頭にはおそらくこんな疑問が浮かんでいるだろう――そんな話をなぜ聴かなければならないんだ？　そんな話をどうして信じなければならないの？　あなたのほかに誰かそんなことを言ってる人がいるの？　人を説得する必要があるなら、証拠は重要な道具である。どのような証拠を使うかは第6章で述べる。

プレゼンテーションを締めくくる

プレゼンテーションの出だしはよい第一印象をつくらなければならない。結びでは、そのよい印象をしっかりした永続的なものにする。いくつか例をあげる。

◆◆◆要点を一言でまとめる

◆「要するに、忘れてはならない大事なことは……」
◆「というわけですから、私たちが取るべき行動は……」

◆◆◆高いこころざしに訴える

◆「これがわが社のためになると信じています」
◆「この社会が少しでもよくなることをめざしたいと思います」
◆「この地上から飢餓をなくさなければなりません」
◆「このあなたのご寄付で、いくつもの生命が救われるのです」

◆◆◆チャレンジ精神に訴える

◆「それはあなたしだいです」
◆「その目標を達成できるのは、あなただけなのです」

◆メッセージをドラマティックに演出する

◆プロジェクトの仕上がりをスライドで見せる。
◆チームの進歩をしめす写真や映像を見せる。
◆聴衆に記念品やバッジを配る。

◆最も重要な点をくり返す

◆「……もう一度言います、私たちの目標は達成されるのです」
◆「……よいですね、あなたの収入はXパーセント増えるのです」

◆「殺し文句」を使う

◆「もうお金の心配はいりません」
◆「お子さん方が幸せに、健康に、安全に暮らせることを想像してください！」
◆「これで毎日、ご家族とゆっくり過ごせる時間がもてるのです」

◆◆◆
引用

◆ぴったりの文句をそのまま引用する。

◆引き合いに出した人物について語る。

◆◆◆
個人を引き合いに出す

◆「スーザンとベッツィが証明してくれたように、私たちはこのレベルの成績を達成できるのです」

◆「トムとジョンを見習えば、私たちのチームもきっと目標を達成できるでしょう」

人にどんなことでもさせられる方法がこの世に一つだけある。それは自分からそれをやりたいと思わせることだ。

デール・カーネギー

質疑応答を取り仕切る

質疑応答をうまく取り仕切るには、使える時間がどれだけあるかを初めにはっきり告げておくことだ。そうすることで質問も答えも手短になり、要領を得たものになる。

質問への答えはふつうは短いものにとどめるが、場合によっては、とくにプレゼンテーションのなかで十分ふれる時間がなかったような問題のときは、いくらか時間をかけて答えたほうがいい。答えが短ければ、それだけ多くの質問を受け付けられる。

聴衆の誰かに、質問と称して演説をさせてはいけない。もしそうなったら「ご質問は何ですか？」と穏やかにたずねるといい。質問の時間を誰か一人に独占させないことも大切だ。そういったことを防ぐのは私たちの責任だ。

もしも答えられない質問が出たらどうするか？　正直にそう言えばいい。正直は尊敬される。

◈質疑応答を開始する

プレゼンテーションが終わるとふつうは拍手がある。そのときただこう告げればいい。「それでは一〇分間だけ質問をお受けします。どなたか質問のある方はいらっしゃいますか？」

質問を待っていますという表情で片手をあげると、聴き手も手をあげやすくなる。質問者の顔を見ながら集中して話を聴き、すぐれた聴き取りのスキルを発揮してほしい。明るい表情を絶やさず、質問を歓迎する。質問を聴き終え、内容を理解したら、他の聴衆に向かって質問の内容をわかりやすく言い直す。そうすることで自分が考えをまとめる時間が取れるし、誰もが確実に質問の内容を理解できる。しかし最も大事なのは、たぶん私たちがその場の支配力を維持し、質問を「こちらのもの」にするということだ。質問を言い直すことで、もしそこに敵意が含まれていても、トゲや針を抜き取れる。

質問が一つも出ないときはどうするか？　質問を求めても、ときには聴衆が反応しないことがある。たいていは質問してもいいかどうか躊躇しているだけなので、そんなときはこちらから質問を出すのが誘い水になるだろう。「よくご質問を受けるのは……」と始め、自分で答える。そのあと「ほかにご質問はありませんか？」と再度たずねる。少しぐらい沈黙が続いても恐れることはない。聴き手も私たちと同じぐらい沈黙を埋めたがっている。それでも聴き手が黙ったままだったら、もう一つこちらで質問をして答える。二回で十分だ。清聴に感謝して、またはプレゼンテーションを終了する旨をもう一度告げて閉会とする。

◆◆◆質疑応答を終了する

質疑応答の時間が尽きかけたら、「それでは最後の質問にさせていただきます」と言って質問を求める。これがそろそろ終了だという聴衆への信号になる。最後の質問に答えたら清聴に感謝して、またはプレゼンテーションを終了する旨をもう一度告げて閉会とする。

視覚資料を使う

図表、画像、映像などの視覚資料を使うとプレゼンテーションがより質の高いものになる。しかしそうしたものを用いることで、すぐれたプレゼンテーションになるのがかえって妨げられることもある。主役は映像などではなく、あくまでも話し手の私たちでなければならない。すなわち視覚資料を使う目的は話をわかりやすくすることであって、したがってそれらは説明を助けるものでなければならず、それ自体をプレゼンテーションにしてはいけない。視覚資料をうまく利用すれば話がぐっと生彩を帯び、ドラマティックになって進行もすみやかになる。何を使うかは用途、聴衆の人数、話の内容と提示の戦略、準備に使える人手や費用、そしてプレゼンテーション全体の目的などで選択する。

◈こんなときは視覚資料の利用を考えよう

◈数字は耳で聴いただけでは理解しにくいことが多い。統計的なデータが重要だという場合、頭のなかだけで数字を比較するのは、不可能ではなくても困難だ。疲れてうんざりするかもしれない。

◈複数の、あるいは一連の項目を列挙して比較するときや、並び順が肝心だというときは、目に見えるかたちにすることが不可欠だ。手順が明瞭になり、記憶にも残りやすい。
◆複雑な過程を説明するときは、説明についていける聴き手とそうでない人がいる。視覚資料があれば自分のペースでついていける。

記憶に残るかどうかは重要な問題だ。耳で聴いただけのことはわずか二〇パーセント、目で見ただけのことは三〇パーセントしか記憶に残らないのに対し、目と耳の両方でインプットされたものは五〇パーセント以上が記憶される。視覚資料を使うことはプレゼンテーションをおもしろくするだけでなく、聴き手がどれだけ吸収し記憶にとどめるかという点でも重要な要因なのだ。

視覚資料にはさまざまなものがある。聴衆のタイプやプレゼンテーションの内容に適したもの、最も効果が上がるものを選択する。フリップチャートや、ホワイトボードや黒板といった昔ながらのものから、いまはコンピュータでつくるものも盛んに使われている。

コンピュータを使うプレゼンテーションは、高性能の使いやすいソフトウェアが開発されたことや、プロジェクタが進歩し普及したことによって、ビジネスの場ではいまや定番となっている。とくにマイクロソフト社のパワーポイントは簡便さと、視覚資料の作成に創意工夫をこらしやすいところからひじょうによく使われている。今後さらに使い勝手のよいソフトウェアや携帯型電子端末も登場することだろう。

コンピュータでつくる資料は前もって準備しておいてもいいし、装置や情報や使い手の技術があれば、聴衆の目の前でつくり出すこともできる。液晶ディスプレーとポータブルプロジェクタがあるところなら、ほとんどどこでもコンピュータ生成の資料を取り込んでプレゼンテーションができる。

ビジネスの場でも教育の分野でも、毎日たくさんのプレゼンテーションが行なわれ、膨大なデータがコンピュータで生成され蓄積されている。となればコンピュータが視覚資料の作成にこれからますます大きな役割を果たしていくのは、きわめて当然のことだろう。

視覚資料のいろいろ

コンピュータを使っても使わなくても視覚資料には多様な形態があり、情報がいろいろなかたちで提示される。

◈棒グラフ、円グラフ、折れ線グラフ

図表やグラフは大量の情報を単純な、強調されたかたちに転換する。それによって聴き手はひと目で問題に焦点を合わせられ、具体的なイメージがつかめる。だから、よくできた図表やグラフは意思決定をはかどらせるので、会議が早くすむという、みんなが喜ぶおまけがつくことも多い。

棒グラフは量の比較に最も向いている。たとえば年度ごとの総売り上げの比較とか、ある会社が競争相手の数社とどんなふうに競り合っているかとか。

時間的な変化を表わしたいときは、折れ線グラフを使う。売り上げが月々とか年々、どう変わっていくかを表わしたいときなどには最もいい。傾向が一目瞭然になる。

各部分が全体に対してどれだけを占めるかといった、何か複雑なものの構成を表わしたいときには円グラフが適している。部分どうしの量的関係を絵で表わすことで、全体の構造がひと目でわかる。

◆ビデオ

装置が小型化し値段が安くなったせいで、ビデオはいまやさまざまなプレゼンテーションでとても便利に使われている。録画、保存、送る、見る、編集、プリントが簡単で費用もかからない。プレゼンテーション全体をビデオで制作することもできるし、特定の箇所だけを五分とか一〇分のビデオ映像で説明してもいい。

◆三五ミリのスライドまたはスライドショー

コンピュータを使ったプレゼンテーションが普及したいまとなっては出番が少なくなったものの、それでも三五ミリのスライドを刺激的で、便利で、捨てがたい魅力があると考える人は多い。フルカラー、３Ｄ（立体）の静止画像を見せるいちばん一般的な方法だ。ビデオと同様、プレゼンテーションのなかの特定の箇所に五分とか一〇分だけ利用するというのが最も効果的だろう。

なお、デジタルカメラのスライドショーも、それと同じ効果を狙った趣向で、コンピュータや携帯型端末を使ってさらに手軽かつ簡便に見せることができる。

◆フリップチャート

フリップチャートというのは模造紙などを束にして上部をとじ、イーゼルのような架台にかけたもので、説明するときにはめくりながら使う。前もって資料をつくっておくこともできるが、話をしながら聴き手の前で書いていってもいい。その場合はプレゼンテーション中に視覚資料が自然発生的にできていくわけで、聴き手の側から提供された情報を書きくわえることもでき、ひじょうに頼りになるものができる。ホワイトボードと違って消されることがないので、会議や講義のあいだじゅう、参加者が話の経緯や大事な箇所を何度でも振り返ることができる。一枚ずつ外して部屋のどこかに貼り付けておけば、いつでも見られる。

◆ホワイトボード

白いつやつやのホワイトボードは書いたときに音が出ず、色が鮮やかで、簡単に消せるので、古めかしい黒板はもうすっかり見られなくなった。ホワイトボードが役立つのは聴き手があまり大人数でないときだが、ブレーンストーミングのような自発的な参加を求める活動には適している。

配付資料

プレゼンテーションでは参考資料や摘要などがプリントとして配付される。基礎データやワークシートやアンケート用紙などが配られることもある。プリント類は十分に気をつかってわかりやすく見やすくまとめ、きれいに印刷しなければならない。話し手の評判にかかわる。もし聴き手にノート代わりに使ってもらうつもりなら、プレゼンテーションが始まる前に配り、その旨を伝える。プレゼンテーションの補足なら終了時に配ればいい。

配付資料をつくると、プレゼンテーションで提示した情報をより深いものにできる。箇条書きにした話題の背後にある情報まで伝えることができる。聴き手に役立つかもしれないがプレゼンテーションのかぎられた時間内ではあつかえない情報、たとえば参考文献、情報源、ケーススタディ、関連記事なども配付資料にするといい。

まとめ

プレゼンテーションをするときのデール・カーネギーのアドバイスを、著書の*Public Speaking for Success*（二〇〇六年最新版、Tarcher / Penguin）からいくつかあげておく。

◆スピーチは出だしが肝心。なりゆき任せではいけない。前もって念入りに準備する。
◆人に何かを受け入れてもらいたいときは、それがその人たちのすでに信じていることと同じだということを証明するといい。
◆実際の出来事を話に利用する。具体例を引き合いに出す。
◆言葉で絵を描く。目の前に光景が浮かぶような言葉を話にちりばめる。
◆スピーチの結びはきわめて重要だ。最後に聴いたことが、最も記憶に残りやすい。
◆最後に全体を振り返り、要点をまとめたり、言い直したりして話を締めくくる。
◆聴き手の質問に答える準備をしておく。答える前に、その質問を復唱したり、べつの言葉で言いかえたりして内容を確認する。
◆行動を呼びかける。どんな行動を取ってもらいたいかを聴衆に確実に理解させる。
◆よい出だしとよい結びを考え、きちんとまとまった話をする。そして聴衆がそろそろ終わってほしいと思う前に話を終える。「人気が絶頂に達したら、まもなく飽きられる」そうだから。

第6章 議論に勝つ

「議論」という言葉は何通りかに受け取れる。一つは意見の衝突。つまり口論である。この意味でなら、デール・カーネギーが「議論に勝つ唯一の方法は、議論しないことだ」と述べたのは正しかった。対立はどちらにも勝ちをもたらさない。議論にはほかに「討論」や「話し合い」という解釈もある。そういう意味の議論なら、準備とスキルがあれば「どちらも勝ち」という結果にもち込める。

他人に（上司、部下、顧客、同僚その他どんな人にでも）アイディアを売り込むということは、要はこちらの考えを受け入れてくれるよう説得するための議論をするということだ。何かに対する相手の意見や反応を変えることといってもいい。

アイディアを売り込みたいときは、相手が上司であれ同僚であれ、腕利きのセールスパーソンが売り上げを伸ばすのに使っている原則に従うといい。まずは相手の気を引く。一つの方法は、ちょっと挑戦心をくすぐるような質問をすることだ。相手がいまどんな問題を抱えているか、日ごろ何に悩んでいるかを調べておく。たとえば顧客サービスに頭を悩ませているというなら、こう質問する。「担当のスタッフを増やさなくてもお客様の満足度を上げられる方法があったら、知りたくありませんか?」

相手はきっと振り向いてくれる。あとはこちらのアイディアがそれを実現するという証拠を見せればいい。

証拠は見当はずれではいけない。相手がなるほどと思うものでなければならない。つぎにあげるのは、効果が証明されている七種類の証拠である。頭文字をつなぐとDEFEATS(論破)となる。


Demonstrations(実演):どう役立つかを実際にやってみせる。

Example(実例):自分や誰かの体験を引き合いに出す。

Facts(事実):具体的で証明可能な事実をしめす。

Exhibit(表示):映像、図表、グラフ、写真、図解など一目瞭然のものを使う。

Analogy(類推):複雑なことを単純でわかりやすいものにたとえる。

Testimony(証言):専門家の話や信頼できる情報を引き合いに出す。

Statistics(統計):増減、比率、比較、傾向、総額などを表わす数字をしめす。

むりやり説き伏せられても、その人の本当の考えは変わらない。
デール・カーネギー

対立を招かずに「ノー」を言う一二のルール

人づき合いにおいては、誰かと意見が合わないという状況は必ず起きる。意見が合わないからといって対立する必要はまったくない。気配りと寛容と理解があれば、気まずい空気を招かずに反対意見を述べることも、相手の意見を変えることもできる。ここでは、その秘訣を一二のルールにまとめた。

◆ルール1：不確かなことは相手に有利な解釈をする

乱暴な決めつけをする人間が本当に無神経なのかどうかはわからない。もしかしたら過去の辛い体験のせいで、過剰に反応しているだけかもしれない。

大幅な経費削減のために、リストラ案に代わるものとして全従業員の賃金カットが提案されたとき、スーザンは猛烈に反対した。優秀なスタッフを犠牲にして成績の悪い従業員の職を救うというのは納得できないというのだ。彼女がなぜそれほど強硬なのか、その理由を探ると、彼女が以前の職場で同様の経費削減策を受け入れていたことがわかった。なのに一年もたたないうちに他の優秀な同僚とともに解雇されたのだ。彼女に考えを変えてもらうのは難しくなかった。この会社が財政的に健全で、決して彼女が心配しているような事態には至らないことを納得してもらうだけでよかった。

◆ルール2：話をじっくり聴く

相手の言動をその人に有利なように解釈する。しかしそのあとじっくり話を聴いて、その人がなぜそういう考えをもつに至ったのか、本当のところを理解する。話をしっかり聴いていること、そして本気でその人の立場でものを見ようとしていることが相手に伝わることが大切だ。

◆ルール3：反論するときは、つねに自分の感情に責任をもつ

必ず「私は―」という言い方で受け答えする。「あなたは―」で話しはじめると相手を責めているように聞こえ、相手はたちまち反発して聴く耳をもたなくなるかもしれない。

◆ルール4：言葉のクッションを使う

いきなり反論に入らず、〝クッション〟を置く。すなわち「……だと言われるのはよくわかりま

す」「……というのはいい考えだと思います」というように相手の意見をまず認め、反対意見のショックをやわらげる。そのときも「あなたは─」でなく「私は─」で始める。さもないと敵対しているように聞こえる。

「このやり方では能率が落ちるかもしれないというご心配はもっともだと思います。そこで私はこの新しい方法で、何がどう変わるかをすべて調べてみました……」。このあと「新しい方法」が、初期的な能率低下を補ってあまりあることを述べればいい。

◆ルール5：礼儀正しくせよ

反論する目的が、こちらの考えを受け入れてもらうことであるのを忘れてはならない。これは無礼な態度では決してうまくいかない。皮肉な物言いをしたり、嫌味な冗談で人を傷つけるなどもってのほかだ。

自分の考えをただ押し付けても、受け入れてはもらえない。うぬぼれ屋のハロルドはいつでも絶対に自分は正しいと信じていて、何が何でも自分の考えを通そうとする。反対されればテーブルを叩き、大声を上げる。そういう態度はまわりじゅうを不愉快にするだけでなく、会議をむだに長引かせることも多かった。たとえ彼の考えが実際には正しくても、そういう傲慢な態度のせいで意見は通らなかった。もし彼が礼儀正しく外交的にふるまっていたら、彼のすぐれた考えは何の抵抗にもあわず、すんなり受け入れられていたにちがいないのだ。

ルール6：「でも」や「しかし」を口にしない

相手の主張を認めたりほめたりしても、そのあとに「でも」とか「しかし」を使うと台無しになる。かわりに「では」とか「そこで」などを使うか、ちょっと間を置くだけにして、自分の考えや意見を述べればいい。たとえば――

◆「……そうですか。では、こっちも検討してみませんか……」
◆「でしたら、こういう見方はどうでしょうか……」
◆「そこで思うのですが、もし……だったらどうなるでしょう」
◆「ところで、こう考えたことはありませんか……」
◆「それでは、その案とこの案とを比較してみましょう……」
◆「それはおもしろい見方ですね。ならば、こうも考えられませんか……」
◆「私はそんなふうに考えたことはありませんでした。そこでこう考えてみたのですが……」
◆「……についてはおたがいに賛成でよかったです。そこでこの件ですが……」

ルール7：意見を述べるときは、妥当で事実的な証拠をそえる

話す前に考える時間を取り、感情がからまないようにする。こう自問しよう――私はどう考え

るのか？　なぜそう考えるのか？　私の意見を裏づける証拠は何か？

ルール８：相手の面目をつぶさない

友をつくり人を動かすには、つねに相手の人格を認め尊重しなければならないとデール・カーネギーは教えた。意見が合わないときも、これを忘れてはならない。たとえ相手の意見が妥当でなくても、その人に劣等感をもたせてはいけない。

フィルは他人のまちがいを指摘したがるタイプの人間だ。会議でもあらゆるミスを厳しく非難して、いかにも「勝った」といわんばかりの顔をする。ミスを指摘された人間が同僚の前で恥をかくだけでなく、周囲の人々も気まずい思いをする。そういうふるまいはチームの団結心を破壊する。

ルール９：神経過敏な人に注意する

神経が過敏で、少しのことにも過剰に反応する人がいる。アシュリーもそんな一人で、批判を気楽に受け止めることができない。自分の意見が却下されると、反発したり防衛的になったりする。人々のこうした過敏なところに注意すれば、事が滑らかに運び、状況が改善されることがある。

アシュリーに対しては最初から問題点を指摘せず、まずは彼の仕事のよくできた点をすべてほめる。そのあと賛成できない部分について質問する。そうなるとアシュリーは問題を考え直さざるをえず、その結果、どうしたら改善できるかに自分で気づくことになる。

批判するかわりに質問をする。そうすれば部下や従業員を怒らせずに力を発揮させられる。彼らは考えの足りない案を自ら取り下げて、もっとすぐれたものを見つけようとするだろう。その努力が創意工夫の才をみがき、会社や部の生産性を大きく高めるような革新的なアイディアを生み出すのだ。

相手の意見に十分耳を傾けて、自分は重要な人間だという相手の気持ちを後押しすることだ。

デール・カーネギー

◆◆◆ルール10：相手に問題解決のチャンスを与える

遅刻をする癖が治らないハリーを呼び出したステファニーは、彼を頭ごなしに叱りつけたりはしなかった。みんながどれだけ迷惑しているか、部全体の仕事がどれだけ遅れるかといった小言をならべるかわりに、彼女はこうたずねた。「ねえハリー、これから遅刻しないですむように、何かあなたにできることがないかしら？」。解決策を自分で見つけなさいというわけだ。そうすることでステファニーは部下への信頼をしめしただけでなく、部下に自らの問題について考えさせ、自ら決心させるようにした。人は他人から押し付けられたことよりも、自分でこうと決めたことにより強い決意と熱意を注ぐものだ。

部下の仕事の出来が悪いといったときは、監督者はどこが不十分かを本人にはっきり自覚させなければならない。そういうときは前向きな言葉で改善を申し入れる。きみの仕事はいいかげんだとか、やり方がなってないといった言い方をしてはいけない。基準に達していない箇所を具体的にしめし、そういう力不足を乗り越えるにはどうしたらいいかを本人にたずねるほうがはるかにいい。上司として部下を信頼していることをあらためて伝え、何か援助できることがあれば申し出る。最大の目的は部下をよりすぐれた働き手に育てることであるのを忘れてはいけない。

◆◆◆ルール11：前向きな言葉で話を終える

どうすれば遅刻せずにすむかを上司のステファニーからたずねられ、ハリーは目覚まし時計を翌日から一五分早く、六時一五分に鳴るようにセットすると約束した。六時三〇分では乗り物が少し遅れると遅刻してしまうからだ。

ステファニーはそれで問題があらかた解決すると考え、その方針に同意した。「ハリー、あなたが約束を守って、これからは時間どおりに来てくれると信じているわ。あなたはチームにとって重要な人だもの。きっと信頼に応えてくれると思っています」

こうした場合、最も大事なことは、問題が何であれ、当人がそれを乗り越えるのを支え、手助けすることだ。そうやって職場の貴重な財産になるような協力的で生産性の高い人材を育てる。

◆ルール12：建設的な批判をする

おたがいに正直なフィードバックが得られると、コミュニケーションの効果がぐんと高くなる。批判されるのが好きな人は誰もいない。しかし建設的な批評や批判であれば、気配りと社交性をもってするなら進歩に大きく役立つだろう。

ここにデール・カーネギーがまとめた、相手に受け入れてもらいやすいように批判するコツをあげておく。


1◆事実をできるだけ入手する。

2◆早いうちに、また他人の目のないところで話し合う。

3◆人ではなく、行動のみを問題にする。

4◆初めに相手を正直にほめる。

5◆まずは相手に共感し、それから批評する。自分に同様のミスがあれば打ち明け、どのようにして修正したかを話す。

6◆批判の目的を見失わないように注意する。

7◆人づき合いのスキルを発揮する。命じるのではなく質問する。そして提案する。

8◆行動を変えるとどんな利益があるかをしめす。

9◆今後の方針について合意し、友好的な調子で話を終える。


一方、批判を受ける側になったときは、相手が私たちを非難したいのではなく、手助けしたいのだということを念頭に置くことだ。その心得は以下の通り。


1◆話を最後まで黙って聴く。

2◆指摘された問題を明確に理解できたかどうかを確認する。

3◆自己改善や「変わること」の必要性を受け入れる。

4◆その批判が善意によることを信じる。

5◆防衛的にならない。

6◆言い訳をしない。酌量してもらいたい事情があるときは、意見ではなく具体的な事実を述べる。

7◆情報を与えてもらったことに感謝する。

8◆今後の方針について合意する。

うまくできたところを、まずほめなさい。
それから徐々に、足りないところを手助けすればよい。
このやり方は事務所や工場だけでなく、
家で配偶者や、子供や、親を相手にするときにも、
いや世界中の誰を相手にするときにも役立つだろう。
デール・カーネギー

問題を解決する

問題解決は管理職の大事な仕事の一つである。職場をあずかる者は、操業、生産、品質管理、人事、ときにはマーケティングや財政面にもおよぶ多様な分野の問題をあつかわなければならない。そういう問題に対処するとき、ふつう最も頼りになるのは過去の経験だ。その種の仕事にある程度の期間たずさわってくれば、おそらく似たような問題が以前にも起きていただろう。前に役立った方法がふたたび役立つ可能性は高い。

しかし残念ながら、つねにそうとはかぎらない。以前にはうまくいった解決策が、こんどはだめということもある。一見同じ問題のようでも、周囲の状況がいくらか変わっているのかもしれ

ない。問題に取り組む前に、その本当のすがたを確かめることだ。

◆問題を明確にする

大手家電メーカーの冷蔵庫が競争相手にかなりのシェアを奪われた。以前にシェアが低下したときは、向こうの広告が増えたのが原因だった。だからこちらも広告を増やすことでその危機を乗り越えた。この経験をふまえ、このたびも失地回復をめざして大掛かりなキャンペーンが行なわれた。ところが意外なことに、いくら宣伝してもまるで効果がない。それどころかシェアはじりじりと低下するばかり。

そこで調査に乗り出すと、このたび向こうはいつもと違う広告を何もしていないことがわかった。しかし小売店の利ざやを増やしていた。だから小売店では向こうの製品を売ることにとうぜん力が入り、こちらの新しい広告に引かれて店に来た客も、結局はその商売敵の製品を買うはめになっていた。メーカーは取り組むべき問題をまちがえていたというわけだ。問題を研究する。本当の問題は何かをつきとめなければならない。それは初めにそう見えたものとは違うかもしれない。

◆問題の原因は何か

問題の原因を探そうというときに、私たちはほんの氷山の一角しか見ていないことが多い。原因はもっとずっと深いところにあるのかもしれない。たとえばかゆい湿疹ができたとする。皮膚科で軟膏をもらう。それを塗ればかゆみが治まり、湿疹も消え、問題が解決したかに見える。ところが二週間もするとまた湿疹が現われる。なぜか？　医者は湿疹という症状を治した。湿疹はたしかに問題ではあったが、問題の原因ではなかったからだ。本当の原因はアレルギーか、何か他の医学的な状態だろう。仕事上の問題のそういう真の原因を見つけるには、まさにそこから問題が発生している〝これ〟というものを探さなければならない。それには詳しい調査と入念な分析が必要になる。

◆◆◆いろいろな解決案を探す

問題が起きたとき、よくあるまちがいは手近な解決案に飛びついて、あわてて実行に移すということだ。すぐに頭に浮かんだものが最良の策とはかぎらない。よく考えていろいろな案を出してから、一つを選んで試すほうが結果ははるかにいいだろう。

とらわれのない心をもつ。頭を柔軟にしておく。問題に最も近い人、つまり問題に直面し、解決策を実行する立場の人々から提案を求めるといい。社内の（場合によっては社外の）専門家に応援を求め、知識と経験を分けてもらう。

頭をしぼって自分にしか思いつけない何かを探してほしい。私たちは自分で思うよりも生み出す力をもっている。この往々にして埋もれている力を引き出すことで、誰も思ってもみなかったような考えが見つかり、問題解決につながるかもしれない。

最良の解決策を決定する

解決策の選択肢が出揃ったら、あらゆる要素をはかりにかけて、どれが最良かを決める。そうするためには問題を見直して、選んだ解決策が何を達成すれば問題が解決するのかを見定めることが必要だ。

解決策として絶対に譲れない条件をリストにする。費用の上限、期限、投入できる人員などが含まれるかもしれない。それができたら、つぎは絶対に必要な条件ではないが、必要な条件にくわえてそれが満たされるなら、さらにすぐれた解決策になるという項目もリストにする。

移転先を探しているニューウェーブ美容室が、決定に不可欠な条件としたのはつぎのようなものだった。

1◆繁華なショッピングセンターのなかにあること。
2◆面積は三七〇平米を下回らないこと。
3◆賃貸料は月当たり◯◯ドルをこえないこと。
4◆六カ月以内に営業を開始できること。

もしつぎのような条件も備わっていれば、よりすぐれた候補になる。

1◆同じ賃料で面積が四〇〇平米以上ある。
2◆改装費を貸主が負担する。
3◆同じショッピングセンターのなかに他の美容室がない。
4◆そのショッピングセンターのなかに高級なブティックがある。

この四項目は優遇条件ということになる。

ニューウェーブ美容室は不可欠な条件のすべてを満たさないかぎり、その場所を考慮の対象にさえしてはいけない。すべてを満たすところが見つかったら、つぎはいろいろな優遇条件を考え合わせ、どれが最高の選択かを決定する。

◆◆◆行動を取る

決定が下されたら、つぎは実行だ。メンバーの一人ひとりに持ち場を割り当てる。人手や資材、そのほか必要なものを集めたら行動を開始する。管理職は状況をすみずみまで把握していなければならない。その策に乗り気でないスタッフがいたら、効果や長所を売り込む。やるべき仕事を理解させたり、場合によっては実際にやってみせたり手助けしたりして、つねに頼りになる管理職でいることだ。

結果を追跡する

問題のタイプによっては、行動が取られたあとも、その結果からしばらく目が離せないことがある（新しい場所への移転などもその例だろう）。選ばれた策が役立たずではどうしようもない。したがってそうなったときは、手を尽くして問題分析を行なわなければならない。幸いにして監督者の直面する問題のほとんどは永久的なものではなく、後戻りが可能だ。

そういう種類の解決策を実行に移すときは、その策でよかったかどうかを判断するのにどれくらいの期間がかかるかを考える。その答えに従って追跡調査の日を設定する。その日が来たら、現況を評価し、もしも問題が解決されていなかったら、その策を捨ててべつの選択肢を採用する。試せる選択肢が他にあるなら、効果がない解決策にしがみついている理由はない。

苦情を処理する

完璧な商品や会社が発明されないかぎり、お客さんから苦情が出るのは避けられない。同様に避けられないのが、苦情をもち込む人々のなかに機嫌を取るのがとても難しい人がいるということだ。私たちは好むと好まざるとにかかわらず、そういう顧客の否定的な反応とつき合っていかなければならない。

この章で先に述べた原則――対立を招かずに「ノー」を言う一二のルール――にくわえ、このあと記す八つのステップに従ってほしい。苦情をうまく解決できるだけでなく、お客さんといい関係をつくり、彼らの「忠誠心」をつなぎとめたり高めたりするのにも役立つだろう。

1◆にこやかに挨拶する

電話に出たときも、じかに挨拶をするときも、あなたと会えて、あるいは声が聞けて、とてもうれしいという気持ちを込めて挨拶する。愛想よく話を始める。これは言うのは簡単だが行なうのは難しい。「今日という一日だけを生きる」ことができないといけない。そのお客さんとの嫌な経験をすべて忘れる。たとえその人が苦情をもち込む常連だとしても、いまは目下の問題だけに対応する。

2◆じっくり話を聴く

同じような苦情を聴くことがたび重なると、話をじっくり聴いていることが難しくなる。苦情をもち込んできたお客さんには不満を吐き出してもらうことが必要だ。相手の身になってしっかり話を聴かなければならない。事実だけでなく感情も聴き取る。途中でつい口をはさみたくなるだろうが、誘惑に負けてはいけない。身を入れて聴いていることをしめすには、ときどきあいづちを打ったり、相手の言ったことを復唱したり自分の言葉で言いかえてみたりするといい。

3◆質問をする

相手の関心事をはっきりさせる質問をする。お客さんの関心がどこにあるかが正確にわかるまで返答を控える必要があることを頭に入れておく。

まず基本的な質問をして、問題の基礎的な事実をつかむ。これだけでも苦情からいくらか感情が抜ける。たとえば「この問題が起きたのはいつですか?」

さらにもっと踏み込んだ質問をして、詳しい情報を得る。顧客にとっては言いたいことや感情を存分に吐き出すチャンスになる。質問はなるべく短くし、相手に好きなだけ話させる。たとえば「どう具合が悪いのか詳しくお話しくださいませんか?」

最後に「値踏み」の質問をして、相手がその問題をどこまで重大に考えているかをつかむ。たとえば「では、どのようにさせていただいたらよろしいでしょうか?」というように質問すれば、どんな手を打てばそのお客さんを満足させられるかがわかる。

4◆共感する

相手に同意できる点を見つける。これは必ずしもお客さんの苦情に同意せよということではない。話を聴いて言い分を理解したこと、そしてそれがその人にとってどれだけたいへんなことかがわかるということを、その人に伝えることだ。

5◆問題に対処する

感情的な問題が一段落したら、苦情の実際的な面を解決することに全力をあげる。私たちが責任をもって組織に行動を取らせなければならない。自分の一存で、あるいは自分の力で返事ができないときは、直ちに、また抜かりなくしかるべきところに話を通す。これは酸っぱいレモンを甘いレモネードに変えるチャンスでもある。問題を首尾よく解決できたお客さんは、そのあともずっとお客さんでいてくれる傾向があるからだ。

6◆テストの質問をする

苦情の実際的な面と感情的な面がうまく解決されたかどうかがわかるような質問をする。すなわち、お客さんにもう一度話をするチャンスをもたせる。

7◆さらなる支援を申し出る

そのお客さんのためにもっとできることがないかたずねる。そうすることで話題が苦情から離れるチャンスが生じ、前向きな論調で話を終えやすくなる。

8◆結果を追跡する

苦情が一回の交渉だけでは完全に解決しない場合も多い。たとえ解決したとしても、何か理由をつくってお客さんともう一度接触するといい。また問題の根本的な原因が組織内にある場合は、それを解決する方法を探す。

ネガティブな人とつき合う

どこの組織にも必ずいるのが、新しい提案にはほぼまちがいなく否定的な、あるいは反抗的な態度を取る人たちだ。誰かが何かに賛成すれば、彼らはきっと反対するし、人が何かをやろうと言えば、それが絶対うまくいかないという理由を必ず見つけだす。

そういう態度を取る理由はいろいろあるだろう。以前に会社からひどいあつかいを受けたか、受けたと感じたかで、それを根にもっているのかもしれない。もしそうなら事情を調べてみる。その人が反抗的になるのももっともだという理由があれば、過去は水に流して未来に目を向けようと説得してみることだ。もし何か誤解があれば、それを解くようにつとめる。

ネガティブな態度が長年の人格的な問題に根ざしているようなときは、職場の管理職の手には負えないことが多い。その場合は専門家の助けを求めてほしい。

◆ネガティブな人を説得する

ネガティブな人をあつかうときの鉄則は、まずは彼らの主張を認めることだ。しかし仕事が進まないのは困るので、彼らが問題だと感じている点をいっしょに解決しようと説得する。その人を「さらなる問題」にしておかず、問題解決に巻き込むのだ。

そういうネガティブな人とは、こういう人だ。

◆あらゆる変化に抵抗する

ポジティブな人間でも、変わることや変えることには抵抗がある。いままでやってきたとおりにやっていくほうがらくだからだ。それでもポジティブな考え方の人なら、筋道立てて説明すれば変化を受け入れるだろう。だがネガティブな思考法の人は、ただ抵抗するために抵抗する。議論は役立たない。あらゆる手を使って人のじゃまをすることもある。新しいやり方がうまくいかないように、そしてそのとき「だから言っただろう」と言えるように。

◆全体の士気を落とす

たった一個の腐ったリンゴが一箱全部をだめにするように、一人のネガティブな人間が、チーム全体の意欲や結束を崩壊させることがある。否定的な態度は人から人へと広がるので、そういう状況になるとチームの団結心を維持するのが難しくなる。

ネガティブな人に新しい提案をするときは、反対意見を遠慮なく言ってもらう。そしてこうもちかける。「いろいろ重要な点に気づかせてくれて、ありがとう。この新しいやり方に移行したら、そういう問題が起きないか用心しないとね。だがこのやり方は試してみないといけない。だからいっしょに取り組もう。そうすればいっしょに問題を解決していけるじゃないか」

◆ネガティブな人とうまくやる

アニタはネガティブな空気を発散している。ふるまいがいちいちネガティブなのだ。アドバイスはすべて個人攻撃と受け取るし、仕事の割り当てはどんなものも、さも迷惑そうに引き受けるといったありさまなので、誰も近寄ろうとしない。

アニタのような人は、自分が人からどう見えるかに気づいていないことが多い。たぶん私生活でも職場と同じようにふるまっているだろう。家族ともうまくいかず、友達もなく、永遠に誰とも気が合わないというタイプの人だ。こういう人とうまくやるには、一度じっくりと腹を割って話をし、彼らの態度が職場の士気にどんな影響を与えているかを率直に伝えることだ。びっくりするのはネガティブな思考法の人の多くが、他人にどれだけ迷惑をかけているかまったく気づいていないことである。そういう人にはデール・カーネギー・トレーニングのような自己改善の講座を勧めるのもいい。そういう講座を通して多くの人がネガティブな思考や性格を克服しており、仕事の能力だけでなく人生そのものを向上させている。

「どちらも勝ち」の状況をめざす

みんなが「勝ち」でないと、誰も本当に勝ちではない。「負け」の人をつくれば、結局は顧客を失ったり、従業員に辞められたり、職場に敵ができたり、会社の業績が低下したりするはめになる。

入念に準備し、そして最高のテクニックで人をあつかうことを忘れなければ、私たちはどんな人にも自分のアイディアをじょうずに売り込むことができる。そしてそのアイディアが周囲のすべての人の熱い思いとともに実行されるのを目の当たりにするという、この上ない満足を手に入れられる。

まとめ

家庭、友人同士、職場、その他どんな場所での議論でも、議論に勝つ方法をこれほどうまくまとめたものは他にないだろう。それはデール・カーネギーの「人を説得して同意させる」原則だ。

1◆人の意見に敬意をしめす。「あなたはまちがっている」と決して言わない。
2◆自分がまちがっていたら、直ちにはっきりと認める。
3◆話は愛想よく切り出す。
4◆即座にイエスと答える質問をする。
5◆心ゆくまで話をさせる。
6◆これは人から押し付けられたのではなく、自分の考えだと思わせる。
7◆相手の立場でものを見ることに真剣につとめる。
8◆考えと欲求に共感する。
9◆高いこころざしに訴える。
10◆アイディアをドラマティックに演出する。
11◆チャレンジ精神に訴える。

第7章

会議のむだをなくす

会議は、よく使われる効果的なコミュニケーション手段だ。会議をすれば複数の人に同時に同じ話を伝えられる。しかし進め方がうまくないと、大いなる時間のむだになる。

企業や組織ではどこでも多くの委員会がつくられ、さまざまな仕事が割り当てられる。古いジョークに「委員会がウマをつくるとラクダになる」と言われるように、委員会には昔からあまり能率がよくないという評判がある。一方、その反対のことを言う金言やことわざもたくさんある。委員会とは「コックが多すぎてスープをだめにする」ところなのか、それとも「文殊の知恵」のわくところなのか？　委員会がその使命を十分に果たすにはどうしたらよいのかを考えてみることにする。

明確な、わかりやすいゴールを設定する

レナード・Bは倉庫用地を探す委員会の議長に指名された。メンバーは彼を入れて総勢四人、全員が管理職だ。まずは具体的な目標と作業計画を設定しなければならない。彼はその仕事を誰かに割り当てるのはやめて、協同作業型の計画会議を開いた。メンバー全員がアイディアを出し合い、実行プランをみんなでつくっていこうというわけだ。プランづくりに全員が参加すれば、誰もが目標を明確に認識するだけでなく、その達成にもみんなが意欲を燃やすことになる。

委員会のメンバーは、誰もがそれぞれ特定の仕事を分担しなければならない。したがって議長がみんなの長所や得意分野を心得ていて、それが活かされるような割り当てができるのが理想だ。幸いにしてレナードは誰ともある時期いっしょに働いたことがあり、全員をよく知っていた。なので、それぞれが最も貢献できるような割り当てができた。

しかし委員会がおたがいにほとんど知らない者同士で結成されたようなときは、議長はできるだけ早くメンバーのことを知る必要がある。キャロルが議長に指名されたPTAの委員会は、父母がもっと参加できるような学校行事の開発について研究し推薦するのを使命とした。ほとんどのメンバーとほんの顔見知りでしかなかった彼女は、まずは一人ひとりと個人的に話をすることを思い立つ。そして二、三週間かけて、それぞれが最もうまく果たせる仕事を見つけだした。そ

うやって個人的に知り合いとなったかいあって、つぎの集会では適材適所の割り当てができただけでなく、メンバーの多くが難しい仕事を自ら買って出てくれたのだった。

割り当てがすんだら、メンバーにそれぞれの仕事のプランと作業予定表をつくることを求める。それらを文書にして、つぎの集会のときに議長へ提出させる。予定表どおりに作業が進んでいるかどうかを確認するために、経過を追跡する仕組みもつくらなければならない。

レナードの委員会の目標は、倉庫用地を見つけ、三カ月以内に借地契約を結ぶことだ。メンバーはそれぞれの割り当てについてのプランを最初の会議から二週間で用意する。そして二回目の会議のあとの二週間で、経過を見るための話し合いがレナードと各メンバーのあいだで個別にもたれ、全員集まる三回目の会議は、翌月の初めに予定された。

キャロルの委員会はもっと長期戦だ。締め切りは六カ月後。委員は九人。彼女は三つの小委員会をつくり、仕事を大きく三分野に分けてそれぞれに割り当てた。最初の二カ月間は各小委員会と月に一度ずつ話し合う。それにくわえて全体会議を毎月開き、経過の報告と意見の交換に充てる。

意見のすり合わせをはかる

何人かがいっしょに仕事をすれば、たいていいくつか意見の相違が生じる。そこを解決するのも議長の責任だ。キャロルは小委員会の一つとの最初の会合でその問題にぶつかった。ある作業プランに二人が賛成したが、残りの一人が強く反対する。ふつうなら二対一で多数決となるところだが、キャロルは、計画を成功させるには残る一人の全面的な協力が不可欠と考えた。そこで反対している人にその理由をたずね、話をよく聴いて、他の二人にそういう異論があることを考えてほしいともちかけた。そうしたところ三人は考えをすり合わせ、やがて全員が同意できて、全員が意欲的に取り組めるプランにたどり着いたのだった。意見の不一致への対処法については、この章ののちのページでいくつか助言する。

「委員会報告書」を作成する

委員会のメンバーや小委員会が割り当てられた仕事を終えたら、その結果は委員全員に伝えられる。そして全体的な議論を経て、最終的な決定や推薦などが行なわれる。そのとき通常は詳しい報告書が作成され、しかるべき人物やグループに提出される。ほとんどの委員会の仕事はこれで終わる。しかしときには委員会が、推薦したことがらの実施や実行まで責任を負うこともある。

キャロルの委員会は、PTA役員会に詳しい報告書を出すことになっていた。このときは異なる分野の調査に当たった小委員会が、それぞれのレポートをキャロルへ提出し、それらにもとづいて全体会議で議論がもたれ、決定が下された。レポートはそれぞれの小委員会で、その決定を反映したものに書きかえられた。ここでキャロルはメンバーの一人に、委員会報告書の草稿を依頼する。書き上げられた草稿は入念に検討され、訂正され、コピーされて各委員に送られ、最後の会議で承認された。

レナードの委員会はいくらかやり方が違った。メンバーのそれぞれが異なる側面を調査した。交通パターンと、コスト要因と、どんな地域社会が望ましいか。各側面の情報が集まると、いく度かの会議で全体的な問題が話し合われ、推薦する案が選定された。報告書の草稿は分担してつくり、議長が最終的なかたちにまとめた。しかし彼の役目はそれだけではなかった。書き上げた報告書を提出したあと、レナードには重役陣と会って推薦案にかんする質問を受け、答弁するという仕事が待っていた。たいていはそうなるということがわかっていたので、委員会は口頭でのプレゼンテーションと、そのさいに出るかもしれない質問や異論への答えも用意しておいた。おかげでレナードは準備万端ととのえて重役陣との会見に臨むことができたのだった。

委員会の仕事を成功させるには、まず入念なプランをつくる。そして仕事の各部分を適材適所に割り当て、全員を参加させる。仕事が計画どおり進んでいるか追跡して確かめる。そうやってプランづくりから最後の報告書に至るまでをメンバー全員の参加のもとに進められるなら、仕事は順調に運び、委員会の使命は十二分に果たされるだろう。

会議の効率を上げる

こんなぼやきをよく耳にする。「会議なんて時間のむださ。いままで会議に使ってきた分デスクに向かっていたら、どれだけ仕事がはかどっていたか……」。最近の調査でも、質問された人の七〇パーセントが会議で時間をむだにしていると答えている。

だが希望を捨てるにはおよばない。会議は必ず実り多いものになる。会議をもっと効率的にする方法をいくつか提案しておく。

◆参加者をしぼる

参加するべき人だけを呼ぶ。スタッフ会議が毎週とか毎日とか定例的に開かれ、そこで話し合われることがらに関係のない人が大勢出席しているという事態がざらに見られる。その会議に貢献できる人や、そこで話し合われることに影響を受ける人だけを呼ぶようにすれば、他の人の時間をむだにしないですむし、会議も早く終わる。

ところで、つねに会議に呼ばれていた人がいきなり呼ばれなくなると不安になるかもしれない。「今日はどうして呼ばれないのかな？　これって課長の暗黙のメッセージ？　ぼくはもうじきお払い箱ってこと？」。こんな心配をさせないように、方針を変えることと、なぜ変えるかを前もって説明しておく。

アジェンダをつくり、厳守する

会議がうまくいくかどうかのカギを握るのがアジェンダ、すなわち会議のプログラムだ。何を話し合うか綿密にプランを立て、取り上げる議題はすべてアジェンダに含める。議題だけでなく取り上げる順序も前もって決めておくことで、会議がずっと順調に進む。

議題の順序を決めるときは、最も複雑な内容のものを先にする。難しいことを考えるのは、参加者の頭がはっきりしている早いうちのほうがいい。大事な議題を後回しにすると、すでに集中力がなくなっていたり、その前の議論に気を取られていたりする。

会議の遅くとも三日前までには出席する予定の全員にアジェンダを送っておく。それぐらいのゆとりがないと出席者が議題にかんして調査したり、発言の準備をすることができない。

そしてアジェンダは厳密に守ることだ。アジェンダにない話題は、よほど緊急のことでないかぎり取り上げてはならない。つぎの会議にまわすことを提案する。

全員を議論に参加させる

会議の出席者には前もってアジェンダを送り、議論の準備をしてもらう。議論するのに具体的なデータが必要なら、わかりやすい視覚資料(図表類のプリントなど)を作成して会場へもっていく。会場ではみんなが気楽に発言でき、反対意見が遠慮なく（笑われたり仕返しされたりする心配なく）言えるような雰囲気をつくることが大切だ。

会議中にプロジェクタで投影した図面やフローチャートなどのコピーも、場合によっては〝お持ち帰り〟資料として配付する。そうしたものがあれば、話し合われた内容が明瞭に頭に残るし、ノートや記録の役目も果たし、後日参照できる。

分厚い参考資料や読みにくい文書資料があるときは、出席者が十分予習できるように、会議のそうとう前に送付しておく必要がある。会議をする目的は情報をふくらませたり詰めたりすることで、まったく新しい概念、とくに専門的なことや複雑なことを紹介することではない。

会議のリーダーとして、議論が盛り上がるような質問をする。相手側からの質問や反論も歓迎する。会議中にとことん議論したほうが、その問題で両者が長いあいだギクシャクするよりずっといい。

◆◆◆リーダーが意見を押し付けてはいけない

ガス・Jは会議を仕切るのがうまいのが自慢だった。部下が熱心に議論してくれると吹聴した。だが部下たちの思いはまるで違った。「ガスは自分がこうしようと思うことを一方的にしゃべって、そのあとぼくらに何か考えはないかと聞くんです。でも誰が何を言っても即座に突っぱねるだけ。発言した人間をばかにすることだってあるくらいです。だからたいていみんな賛成しておきますよ。本当に会議に参加している部下なんか誰もいません」

いまはこんなせわしない時代だ。
何か言いたいことがあったら、さっさと言うことだ。
要点を伝えたら、すぐ黙る。
そうやって相手にもしゃべらせてやりなさい。
デール・カーネギー

◆◆◆無用な長ばなしを防ぐ

ブラッドは会議で目立ちたがる人間の一人だ。言いたいことが何か必ずあるのだが、たいていは取るに足らないことで、個人的な不満をえんえんと述べるだけのことも多く、いつもみんなをへきえきさせる。

どうやったらブラッドのような人をおとなしくさせておけるのか？　会議のリーダーになる人へ、いくつか助言しておく。

◆会議が始まる前にブラッドをわきへ呼んで言う。「会議に貢献したいという気持ちはとてもありがたいと思う。だが時間にかぎりがあるし、他にも自分の考えを言いたい人がいるだろう。だから他の人にもしゃべるチャンスをやろうじゃないか。会議がすんでから二人で話し合ってもいいよ」

◆それでもブラッドが会議中に長ばなしを始めたら、話の切れ目を待つ。息継ぎのためにちょっと間があいたら（必ずそういうときがある）、すかさずこう言う。「ありがとうブラッド。ここでちょっとスーの話も聴こうじゃないか」

◆意見を述べるときは三分以内とすることをあらかじめ宣言しておく。ブラッドには厳密にして、他の人には融通を利かせる。

最後に要点をまとめる

アジェンダにある議題をすべて討議し終えたら、リーダーは議論の成果をまとめて手短に述べ、会議を締めくくる。もし会議中に誰かに仕事を割り当てていたら、その人に、いつ何をするつもりかを述べてもらう。その人が期待される仕事を正しく理解しているかどうか、議長はじめ参加者全員が確認できる。

議事録をつくる

自分でメモを取るか参加者の一人に記録をつけてもらうと、会議で決定されたことに誤解が生じるのを避けられる。議論の経過を逐一記録していく必要はないが、どの論点についても決まったことをまとめて記しておかなければならない。会議がすんだら、議事録のコピーを出席者だけでなく、議決に影響を受けるすべての人に配付する。議事録は記録として出席者に役立つだけでなく、出席しなかった人にも通知としての役割を果たす。

ボランティア組織の会議

宗教団体や地域の活動、あるいは社交クラブなどのボランティア組織の役員会議にも、職場の会議と同じルールが当てはまる。ときにはそういう場所の会議のほうが、もっと形式ばったやり方で行なわれる。

こうした会議では、たいてい最初に前回の議事録が読み上げられ、必要な場合は訂正もされる。続いていろいろな小委員会の議長からの報告があり、そのあと懸案事項の討論に入る。それがすむと新規の議題の提出となる。アジェンダに含まれた報告や懸案事項は問題ない。だがこの「新規の議題」については、ほぼ成り行き任せということになる。

サンドラは地域の住宅所有者組合のメンバーで、役員会議の議長だった。時刻は夜の九時をまわっていたが、持ち越し事案の討議がやっと終わったところ。もう遅いし、彼女には家でしなければならないこともいろいろあった。だから「ほかに話し合うことはありませんか」と新しい議題を求めたときは、どうか何も出ませんようにと祈る思い。案の定、役員の一人がある企画を温めていた。それから始まった話し合いがようやく終わったのは一時間後。

この問題を避けたいなら、ルールを変えることを提案する。「その日の」ではなく「次回の」議題を提案してもらえばいい。そうすれば情報は出席者に伝わるが、議論は行なわれないので会議はずっと早くすむ。会議を取り仕切るコツは、何といってもアジェンダを厳守することだ。他の議案はそれがアジェンダに組み込まれるときまで延期してかまわない。

意見の不一致に対処する

議長の仕事はつねに順調にいくとはかぎらない。反論する出席者もいれば、自分の意見を断固として曲げない人もいる。そういう人々のあつかいについて、いくつか助言しておく。

まず、相手のほうが正しいかもしれないことを頭に置く。あなたがすべてを知っているわけではない。その人がどういう背景の人かがわかるような質問をして、注意深く話を聴き、なぜそういう信念をもったのかを理解し尊重する。誤解があれば解消する。あなたの提出した証拠が十分理解されていないのかもしれない。あるいは逆に、相手があなたの知らない事実をもち出していて、あなたのほうが考え直すべきなのかもしれない。

反対する理由が事実にもとづくものでなく、感情的なもののこともある。相手は何か個人的な理由であなたのアイディアに否定的に反応しただけかもしれない。おそらくは過去に同様のアイディアのせいで、その人の何かが傷つくような苦い経験をしたのだろう。だとすれば証拠にもとづく議論をしてもしかたがない。できれば反対する本当の理由を見つけ、もし可能なら手を打つことだ。

対立的になってはいけない。「あなたはわかっていない……」ではなく「私はこう理解しているのですが……」という話し方をする。賛成しないことを責めても相手は反発したり防衛的になったりするだけで、こちらの考えを受け入れてもらうのには逆効果でしかない。

対立を招かずに反論する方法については、第6章を読み返してほしい。

会議の効率を上げる自己チェック

こんど会議の議長になったら、つぎのチェックリストを使って、あなたの手際を振り返ってみる。〝イエス〟の数が多いほど首尾は上々だ。

会議前には――

1◆アジェンダを用意しましたか?

2◆会議に先立ってアジェンダを参加者に配りましたか?
3◆会議の開始と終了の時刻を設定しましたか?
4◆視覚資料、配付資料などを用意しましたか?
5◆参加者にプログラム中の担当箇所を割り当てましたか?
6◆参加者の誰かに会議の記録係を頼みましたか?
7◆必要な用具や用品をすべて揃えましたか?

会議中には――

1◆アジェンダに忠実でしたか?
2◆参加者全員に議論に参加してもらえましたか?
3◆無用な長ばなしや誰かの独り舞台を防げましたか?
4◆仕事の割り当ては公平にできましたか?
5◆参加者が意見を述べ終えるまで議長が発言するのを控えられましたか?
6◆質問することを参加者に奨励しましたか?
7◆質問に答えることを参加者に奨励しましたか?
8◆会議を終えるにあたり、話し合ったことの要点をまとめましたか?

9◆仕事を割り当てられた参加者が、その仕事を正しく理解したかどうか閉会前に確認しましたか?

10◆参加者の意欲をかき立てる言葉や、行動への呼びかけで会議を締めくくることができましたか?

会議後には――

1◆議事録を参加者全員と関係者のすべてに配りましたか?

2◆割り当てた仕事の進みぐあいを追跡しましたか?

3◆会議にかんする感想や意見、批判などのフィードバック情報を参加者からもらいましたか?

成功する人々は失敗から学び、前とは違う方法でもう一度やってみようとする。

デール・カーネギー

出席した会議をもっと役立てる

私たちが会議のリーダーなら、うまく進めることに責任がある。しかしたいていの場合、私たちはリーダーではなく参加者だ。出席したすべての会議を貴重な学びの機会にするには、会議の前、会議中、そして会議のあとにもひと働きしてほしい。

会議の通知を受け取ったら、カレンダーに印をつけてその日が来るまで忘れているというのではいけない。会議に出席することは、時間をかけて準備するのに値することだ。

会議前には――

◈アジェンダを調べる。議題を検討し、たとえ熟知していることでも最新の情報に通じているかどうかを確認する。資料に当たり、現時点までに何がどうなったかを見ておく。場合によっては、その問題に関係する専門的な記事や業界の出版物などにも目を通す。

◈新しい分野や知識のない問題なら、与えられた資料を熟読する。予習はきわめて重要だ。もらった資料にざっと目を通していって細かい点は会議中に拾おうといった考えではいけない。

◆議題にかんする意見、提案、質問などをメモしておく。

会議中には——

◆議論に積極的に参加する。意見、提案、質問があれば遠慮せず発言する。ただし発言のための発言ではいけない。本当に言いたいことを簡潔に述べる。

◆反論に答える。他の参加者から反対意見が出るかもしれない。個人攻撃と受け取ってはいけない。返答するときは事実だけを述べる。議論とは話し合うことで、口論ではない。

◆合意をめざす。会議の目的が問題解決なら、解決に貢献する。相手の意見に耳を傾ける。こちらの考えよりすぐれているかもしれない。納得のいく解決に至るためなら妥協も覚悟する。

◆会議を独占してはいけない。言いたいことがあると黙っているのが難しいかもしれないが、他の人にも話す機会を与えなければならない。

◆重要な決定事項や新しい情報はメモしておく。

◆参加者に仕事が割り当てられることになったら、最もおもしろそうなものを直ちに買って出る。黙っていると、まったく興味のもてないものを割り振られるはめになるかもしれず、楽しんで仕事ができない。

会議後には――

◆メモやノートを読み返す。呼びかけられたり求められたりした行動を取る。

◆仕事を割り当てられていたら、リーダーと話し合い、何をいつ行なうべきか正しく理解していることを確認する。

社外の会議に出席する

社外の会議に出席する機会は多いだろう。専門家の会議もあれば、業界の代表者会議もある。有益なアイディアやプランをもっている組織が、セミナーを開いてくれることもある。そういう会議を時間と労力に値するものにするために、いくつか助言しておく。

◆準備して出席する

社外から人を招くような大きな会議や大会は、たいてい何カ月も前に通知される。そういう会議にも、先に述べたような社内の会議に出るときと同様の準備をして出席する。通知といっしょにたいていアジェンダも送られてくるから、入念に調べる。何か特定の準備が必要な案件はないか？　不案内なことがらについてはできるだけ勉強して理解を深め、議論に貢献できるようにしておくことが必要かもしれない。自分の会社のその方面の経験を調べ直しておくと、そこで話し合われることを会社の抱える問題に役立てられる。

知人を増やす

社外の会議に出席したときは、いっしょに行った同僚のとなりに座ってはいけない。彼らとは毎日でもしゃべれる。参加者がテーブルについて話す会議なら、席をかわる機会があるたびにべつの人といっしょに座るといい。ランチやディナーをとりながらの集会でも、往々にして講演者の話より、テーブルの仲間のほうからより多くのアイディアがもらえる。そういう場で出会った人たちの名前とアドレスを記録しておく。先々情報をもらったり教えを受けたりするかもしれない。外部の人を会議に呼んだときも、名前とアドレスは必ず記録しておく。

頭と心を柔軟に保つ

講演者の話から多くをくみ取るには、新しい考えに対して柔軟であることだ。その新しい考えは、私たちが最良と信じているものとは違うかもしれない。話を最後まで聴き、客観的に考える努力をする。進歩は変化から生じる。もちろん新しい考えがすべてすぐれているわけではない。だがそれに耳を傾け、評価し、慎重に客観的に検討することは必要だ。

◆ 話し手に対して寛容になる

ときどき話し手にまるで興味がもてないことがある。その人の容姿や服装や、声や地方のなまりなどが好きになれず、話を聴く気がしなかったり、受け付けなかったり。話し手に対する偏見のせいで話を真剣に聴けないとか、せっかくのアイディアを受け入れられないというのはもったいないことだ。

◆ メモを取る

会議中にメモを取るのは二つの点で重要だ。メモを取ろうとすると、話を聴きながら頭のなかでまとめなければならないので、結果的にしっかり聴ける。またメモは後日参照できる情報源になる。

◆「へえー！」のページをつくる

会議中に耳にしたびっくりするようなアイディアや、目からウロコの落ちるような話、好奇心をそそる話をノートに書きとめておく。絶対に忘れたくないことを書き込んでいくページだ。

◆ 質問する

チャンスがあれば遠慮なく質問する。どうでもいいような質問をして会議の時間をむだにするのはもちろんいけない。前置きが長いのもいけない。明快に、手短にする。

プレゼンテーションの最中に、演者の話をさえぎって質問するのは適切でない。疑問が起きたらノートの最後のページに書きとめておく。そうすればチャンスがあったときに忘れずに質問できる。

◆積極的な参加者になる

積極的に発言して議論に貢献する。ほとんどどんな会議でも、アイディアや情報を進んで提供してくれる人がいる一方で、ただ座って聴いているだけの人もいる。なぜもっと積極的に参加しないのかとたずねると、答えはたいていこうだ。「なぜ私の思いつきをみんなに教えなきゃならないんです？　このなかには私の競争相手もいます。企業秘密をもらすことはできません」

会社の損や競争上の不利益になることを言ってほしいとは誰も思わない。だがたいていの議論はそういう性質のものではない。参加者のほとんどに役立つようなアイディアの交換を促進するのが目的だ。一つの組織の経験は、他のところでも役に立つ。アイディアを公表すれば、他社により豊かな経験を提供でき、それはやがて回りまわって私たち自身のより充実した経験になるはずだ。

◆成果を報告する

会議がすんだら学んだことをまとめる。記憶が新鮮なうちにノートを読み返す。オフィスに戻ったら、なるべく早くその会議のレポートを書くか口述して、永久的なファイルに入れる。成果を報告する。メモか簡単なレポートを上司や組織内の人々――その情報を貴重だと思う人々――に送付する。同僚と討論してほしい。学んだことを大勢に伝えれば、その会議に私たちを送り込んだことで会社が受け取る利益が一段と大きくなる。

◆実行に移す

会議で学んだことを何も行動に移さなかったら、時間とお金のむだというものだ。

まとめ

◆どんな会議にも目的がある。会議のリーダーは、その目的を確実に達成しなければならない。

◆会議の数日前にはアジェンダを用意し、出席が予定されている全員に配付する。
◆会議に使用する文房具などを前もって取りそろえ、機材を手配する。視覚資料を見せるプロジェクタなどが当日確実に使えるようにしておく。配付資料が参加者全員にいきわたるように数を確認する。
◆誰もが討論に気楽に参加できるような雰囲気をつくり、遠慮がちな人や口の重い人の参加を促す。出席者全員が自由に発言できなければならない。ただし会議を独占するような長ばなしは許すべきでない。
◆会議が終わるときには、話し合いの内容を参加者が明確に理解していなければならない。全員に質問するチャンスを与え、話し合いの成果を要約し、また会議中に仕事を割り当てられた人がいたら、いつ何をすべきか正しく理解しているかどうかを確認する。行動への呼びかけや意欲をかき立てる言葉で会議を締めくくる。
◆会議に出席したときは、この章の最後のセクション（「社外の会議に出席する」）に記した助言に従って、その機会を最大限に役立ててほしい。

第8章 文書作成に強くなる

「誰かとしゃべったり電話で話したりするときは、何も考えなくても言いたいことがちゃんと言える。だけど手紙や業務連絡なんかを書こうとすると、なんだか四角張った、よくわからない文章になってしまう」。そうぼやくのは落ちこぼれの高校生ではない。経営学の修士号をもつれっきとした技術者だ。口では自由にものを言える人が、ひとたび書こうとすると、まるで筆が進まないのはどうしてだろう。

そうなる理由の一つは、書くときは話すときよりきちんとした言い方をしなければならないという誤った観念があるからだ。そのせいで文章が妙に堅苦しい、不自然なものになってしまう。

書くときと話すときとで勝手が違うもう一つの理由は、口で話すときには口調やボディランゲージで意味を補えるが、文章にはそれがない。それに面と向かって話していれば、もし伝わらなくても、相手の様子でそれがわかるし、聞き返されることもある。

世間には報告書などを書くことが必要になる仕事を避けたがる人がいる。そういう仕事を引き受ける力量がないとか、用意がないような気がするのだ。文書で報告することを、口でそうするより恐れる理由は何もない。文書を作成するスキルは学んで身につけられるし、ひとたび習得すれば、出世や昇進の強い味方になる。


責任ある仕事を引き受ける人は、事務所であれ工場であれ、ほかのどんな場所であれ、他の人より目立ち、出世していく人間だ。責任を負うことを歓迎しよう。重大なものでもちょっとしたものでも喜んで引き受けよう。そうすれば成功が向こうからやってくる。

デール・カーネギー

口で話したのと同じように伝わるように書くには、話すときとはいくらか違う気づかいをする必要がある。といってもそう違うわけではない。言いたいことがきちんと伝わって、しかも堅苦しい感じがしない文章を書く方法について、いくつかアドバイスしておく。

書く前にプランを立てる

書きはじめる前に何をどう書くか考える。デボラ・Kは手紙を書くのがうまいというもっぱらの評判で、自分でもそれが自慢だ。彼女はどんな手紙でも、実際に書いたり口述したりする前に綿密にプランを立てる。

彼女の下書きを見ると、書くつもりのことが列挙されているだけでなく、それが大事な順に並べられているのがわかる。つまりその手紙はいちばん言いたいことから始まる。まず背景的なことを述べてから肝心の点をもち出すというのではなく、大事なことを最初に言ってしまい、それからその主張をするのに絶対に必要なことがらをつけくわえていく。

ふつう、ビジネスの手紙はこんなふうに始まるだろう。「このたびは弊社のモデル一七五四についてお問い合わせいただき、誠にありがとうございました。お手紙によりますと御社では……」。そこを彼女はこう書く。「お考えのとおりです。私どものモデル一七五四は御社の問題を解決します」。そして証拠を並べる。締めくくりは「お問い合わせありがとうございました」ではなく「それではご注文をお待ちしています」。こんなふうに書けば、いかにも問い合わせの手紙を受け取った担当者がすぐさま大張り切りで返事を書いたという感じがして、読んだほうもつい誘いに乗ってしまうだろう。

◆TAB法

書く前にプランを立てるというのは大事なルールだ。手紙のプランを立てるときにはこの単純な方式が役立つだろう。頭の一文字を取ってTAB法とおぼえるといい。この手順で考えを整理すると、書くべきことがはっきりする（TAB＝タブとは書類やファイルの端につける整理や検索用のつまみ、ラベル）。

T――状況を考える（think）。なぜ自分はいまこれを書くのか？

A――相手にどんな行動（action）を取ってもらいたいのか？　自分は何を達成したいのか？

B――相手の利益（benefit）は何か？　その行動は相手にとってどんな価値があるのか？

これらの問いに答え、答えを紙に書き出す。頭のなかの考えに「タブをつけて」整理することで、伝えたいことが明確になる。すなわちそれぞれの問いに答えを書き出すことによって、手紙を書くためのあらゆる情報が統合でき、相手に何をしてもらいたいのか、どうやってしてもらうのか、それをすることがどれだけ相手の利益になるのかが明確にしめされる。

簡にして要を得る書き方のコツ

どうしたら簡潔で明快で、しかも行き届いた手紙が書けるのか？　たいていの人がビジネスの手紙や業務連絡に余計なことを書きすぎている。エンリケが中米への出張から戻ったときは一〇ページもある報告書を書いた。たしかに行き届いた報告書ではあっただろうが、彼が書いたことの大半は、その任務とは関係のない情報だった。見聞きしたあらゆるものが書き込まれていたせいで、何のための出張かという肝心のところがかすんでいた。

長い手紙や報告書を書くときは、書きはじめる前に自分にこう質問する。

◈論ずるべき肝心のことがらは何か？
◈そのことがらを最も簡潔なかたちで提示し、すべての情報をできるだけ明確に伝えるにはどうするか？

下書きをしたら、文章を一つずつ読み直し、こう質問する。

◈この文章は本当に必要か？

簡にして要を得、しかも好感を与える文書をつくるコツをいくつか述べておく。

ジャーゴンを避ける

ゲーリーにはその手紙がチンプンカンプンだった。〝ＯＥＭ〟への参入の有利なことが力説されているのだが、彼はその文字の意味をまったく知らなかったのだ。書き手はゲーリーがそれをOriginal Equipment Manufacturer（他社ブランド品の製造）だと知っているものと決め込んでおり、そのせいで話はまるで通じなかった。

頭文字や略語などのいわゆるジャーゴン（隠語）は、通用する範囲が特定の業界や仲間内などにかぎられている。相手がそういう特殊な言葉を知っていると思い込んではいけない。ただし相手の身辺や業界で流通しているジャーゴンなら、それを使うことで仲間として受け入れられることもある。

単純でパンチの利いた文章を使う

文学的な表現が好きな人や得意な人もいる。だが私たちの手紙の読み手は、巧みな言いまわしなどむしろないほうがずっとわかりやすくていいと思うだろう。単純な平叙文が往々にして最良だ。「私どもの提供するプログラムは、本分野の研究に鑑みて、これを受講された従業員の方々の文章技術を大きく進展させると考えられます」と書くかわりに「この講座では御社のみなさんに、文章をもっとじょうずに書く方法をお教えします」と書く。

ただしどの文章も同じ調子にならないように。それでは退屈な手紙になってしまう。きびきびしてパンチの利いた文章がいい。地味で単調なのはいけない。ちょうど新聞の見出しのように、要点を短い印象的な言葉にする。そして必要に応じて、いくらか変化のある文章で細部を補う。

◆要点が明快になる手法を取り入れる

複雑な構造の文章や飾った言いまわしは避ける。文章はできるだけ短いほうがいいが、めりはりの利いたものにする。要点を明快にする方法の一つは、新聞記事的な手法を取り入れることだ。

◆要点を見出しにする。太字の活字を使う。
◆話の流れに応じて本文をセクションに小分けする。
◆アステリスクなどの記号や傍点で重要な箇所を強調する。
◆必要に応じてグラフや図表などの視覚資料を用い、わかりやすくする。

◆読み手に話しかける

ふつうに人に話しかけるような調子で書けば、読みやすい文章になる。読み手がオフィスの向かいの席にいるとか電話の向こうにいると思って、その人に話しかけるつもりで手紙や報告書を書くといい。気分をらくにして、四角張らずに、ふだん話しているように書く。態度も、言葉も、口調も、言いまわしも、話すときと同じでかまわない。

ふだん「謹んで申し上げます……」とか「弊社のプラント火災により、ご注文品の発送に一〇日間の遅延が生じますことをご報告致したく……」といったような話し方は決してしないだろう。素直にこう言うはずだ。「まことに申し訳ありませんが、弊社のプラントで火災が起きてしまい、ご注文品の発送が一〇日遅れます」。だったらそう書けばいい。

◆疑問文を使う

会話は一方通行ではない。片方が話せば、もう片方が答え、質問もする。「なるほどね。でも、それがなぜ品質に影響するんですか？」というように。手紙にも質問を挿入すると、ここぞというところに読み手の注意を引きつけられる。ひと通り説明したら、こんなふうに疑問文を使うといい。「ではこのソフトウェアをインストールすると、ほかにどんなアプリケーションが使えるでしょう？」。この一言で読み手が個人的なニーズから話全体を読み直すかもしれない。

◆「私からあなた」へ書く

ふだん私たちはつねに「私」から「あなた」に話をしている。ふつうの会話のやりとりは、そういう「私からあなたへ」のものだ。ところがひとたび書くということになると、急によそよそしい言い方になる。「……であると想定されます」とか「……が推奨されます」といった非人称的な言いまわしを使うだろう。「本件につきましては現在調査が行なわれており、完了しだい報告書がお手元へ送付されます」というように。なぜこう書かないのだろう？「これについてはいま調査していますので、新しいことがわかりましたらすぐにお知らせします」

もっと個人的な感じがする手紙を書いてはどうか。相手の名前も入れるといい。親しい相手ならファーストネームや愛称でいいし、仕事上だけのつき合いなら、適切な敬称（「様」「さん」など）や、「博士」や「教授」などの肩書きをつけて名字を使う。「本製品のご採用が御社に利益をもたらすでしょう」ではなく、「もうおわかりですね、スミスさん、これを使うとこんなにお得です」

短い、文字数の少ない文章を使う

ふつうの読み手は、瞬きから瞬きのあいだに読めるぐらいの言葉しか一度に頭に入らない。だから一つの文章の語数や字数が多すぎると、全体の意味が取りにくい。研究では、読みやすく理解しやすい文章は英語で二〇語以内、日本語では四二、三字が限度とされている。そのくらいなら、ある考えがここで終わり、ここからつぎの考えが始まるということがたいてい明瞭にわかる。だから一つの文章では一つの考えだけを述べる。私たちの目的はただ考えを読み手に伝えることで、不朽の名文を書くことではないのを忘れてはいけない。長い単語より、文字数の少ない語を選ぶというのも効果がある。

◆人情味のある文面にする

自然な感情を書き表わすと、書き手の顔が浮かぶような血の通った文面になる。それがよい知らせなら、うれしいと言う。悪い知らせなら、とても残念だと言う。たとえ仕事の手紙でも、私たちは礼儀正しく丁重であると同時に、まるで相手が目の前にいるかのように関心をしめさなければならない。読み手が人間であるのを忘れてはいけない。文面が冷淡ならむっとするし、心がこもって温かければうれしい気持ちになる。

◆「一目でわかる」文書をつくる

手紙や通知はある意味で視覚資料だが、読めば音声的な情報になる。つまり私たちは自分に読み聞かせてデータを吸収しているわけで、脳では耳で聴いたときと同様に言葉が処理される。したがって通知や報告などを視覚的な手段で補えば、ぐんと効果的な文書になるというわけだ。たいていの人は数字が並んでいるのを読むよりは、図表やグラフを見るほうを好むだろう。ほんの少し時間をかけて情報を「見る」かたちにするだけで、通知や報告書が格段にわかりやすい、インパクトの強いものになる。それでもやっぱり数字を読むのが好きだという相手には、グラフは参考資料として添付してもいい。スケッチや写真などの画像も使えば、それまで「ラジオ」だった手紙が、いきなり「テレビ」になる。

最近はデータをさまざまなグラフや図表に簡単に転換してくれるコンピュータのソフトがいくらでも利用できるし、そういう図やグラフをカラープリントにすれば、さらにインパクトが強くなる。

そういう視覚的な手段が使えないときには、言葉で「絵」を描くという方法もある。つぎは労働者の離職にかんする二つのレポートだ。

「出荷部門の離職率の高さは従業員に過剰な負担を強いており、疲労が事故や病気につながっているだけでなく、さらなる離職を呼んでいます。この状況は注文品の発送が滞るという事態も招いており、顧客からの苦情も明らかに増えています」

この状況を「絵」にしてみる。「今朝、出荷部へ行くと一〇人のスタッフがいるはずのところに六人しかおらず、注文品の発送にてんてこまいしています。昨日一〇時間働きどおしだったこともあって、みんなの顔や動作に疲労がありありと見て取れました。先日ちょっとした事故が起きて、一人はまだ脚をひきずっています。私がそこにいたわずかな時間のあいだに、注文品が約束どおりに届かないという顧客からの電話が三本ありました」

最初のレポートがただ事実を述べているのに対し、二つめの文章は状況が目に浮かぶ。一目でわかるような視覚資料や、場合によってはこうした「言葉の絵」を使うことで、話すときも書くときも、ずっと明快でドラマティックなコミュニケーションができる。

聴き手にあなたが見たとおりに見せ、聞いたとおりに聞かせ、感じたとおりに感じさせることをめざしなさい。ここぞというところを具体的で色彩豊かな言葉で事細かに語る。それがその出来事を、いまそこで起きているかのように描き出してみせるいちばんの方法だ。

デール・カーネギー

❖文法のまちがいや誤字に注意する

文法や文章構造のまちがいや、誤字脱字の訂正をいつも秘書に頼っているわけにはいかない。だいたいに昨今は秘書やアシスタントがいない管理職のほうが多い。もし文法やつづり、漢字が苦手なら、〝社内エディター〟になってくれる同僚を見つけ、建設的な批評とアドバイスを求めるといい。パソコンの〝スペルチェック・校正機能〟も役立つかもしれない。打ちまちがいや変換ミスを見つけてくれるが、それでも書き上げたものを注意深く読み直すことは必要だ。すべてのミスが拾い出されるわけではない。またたとえあなたがアシスタントのいる数少ない幸せ者の一人だとしても、自分の名前をサインしてよそへ出す書類には、必ず自分自身で目を通すべきだ。

最後の一節をおろそかにしない

最後の一節を書く前に、その文書の目的を振り返る。それが情報を求める手紙への返事なら、求められた情報がちゃんと提示されただろうか？　それが行動を呼びかける手紙なら、どんな行動か具体的に書き表わされただろうか？

手紙の最後の一節は、目的達成への最後のチャンスだということをおぼえておいてほしい。すぐれたセールスパーソンがつねに注文を求める言葉でセールスの電話や手紙を締めくくるように、私たちもそこに記した行動を取ってくれるように呼びかけて、その手紙を結ぶ。「よろしくお願いします」と書くのは悪くないが、それだけでは足りない。「本件についてお考えくださいますようお願いいたします」と書くよりも、「同封のメンテナンス同意書にご署名の上、ご返送くださいますようお願いいします。それだけでこの先一年間、設備についてのご心配はいっさいありません」と書くほうがずっといい。

手紙を書くときは、最初に何を書くか計画を立てる。そしてここに述べてきたアドバイスに従って、読みやすく印象的なものに仕上げてほしい。一通一通をそうやってよく伝わるものに書き上げていくことで、書く力は必ず向上する。

受け取った通信を処理する

本書の冒頭に記したように、コミュニケーションは一方通行ではなく、つねに双方向のやりとりだ。私たちは情報を送り出すだけでなく、絶え間なく受け取ってもいる。これまでの章では口頭のコミュニケーションをうまく受け取る方法を学んできたが、文書によるコミュニケーションをどう受け取るかも同様に重要だ。

手紙や通知を読んで、それに返事をすることには途方もない時間とエネルギーがいる。ドン・Mが毎朝「未処理」の箱を空にするときは、手紙や報告や業務連絡の類を一通ずつ読んで、四つの山に分けてきちんと積み重ねた。第一の山は至急返事をしなければならないもの。第二の山は、もっと情報がなければ処理できないものや、部下に任せようと思う案件。第三の山は何も行動を取る必要がなく、ただ読んでファイルすればいい文書。そして最後の山は、すぐに捨てればいいゴミのようなもの。

ドンは毎日、時間をやりくりして返事を書いた。適切な返事が書けるように、再度一通ずつ手紙を読み直した。二番目の山の文書も仕事の合間を見ては読み返し、情報を入手したり部下に回したりした。三番目の山のものは、彼としては何もする必要がないので、秘書に回してファイルさせた。

このようにして通信を読んだり読み返したりすることに使われる時間は、ドンの労働時間の尋常でない部分を占めていた。しかしこの通信の処理という仕事は、やり方しだいではるかに能率的にすませることができるのだ。

読んだら、その場で行動を取る

手紙や業務連絡を最初に読んだときに、返事を書くのに必要な項目をポストイットなどの付箋紙にメモして貼り付けておくといい。そうすれば返事を書いたり口述したりするときに、全体を読み返す必要がない。節約できる時間は一通につきほんの二、三分かもしれないが、毎日三〇通の手紙に返信するとすれば、もっと生産的なことに使える時間が九〇分生み出される。

もっと情報が必要なときにも同じ方法が使える。手紙を最初に読んだときに、どんな情報が必要か、その情報はどこから得られるか、その仕事を誰に回すかなどをメモして貼っておく。何か部下への指示があれば、それも書きそえておけばいい。

業務連絡には、その用紙で返信する

他部門の管理職から業務連絡で在庫品の数をたずねられたとしよう。在庫数を調べてほしい品物の名前と品番が並べられている。返信はたいていこんなふうに始まるだろう。「ご依頼により、在庫数を下記のとおりお知らせします」。そのあと品名と品番が並べられ、在庫数が書き込まれる。

これをもっと能率的にしたければ、もらった通知に記されている品名の横に、調べた数字を直接書き込んでいけばいい。役目はちゃんと果たしながら、時間はそうとう節約できる。たいていはコピーを取ることさえ必要でないだろう。もし必要なら、数字を書き入れたあとでコピーを取る。

社外からの手紙に返信するときにも同様の方法が使える。返事がほんの一行ですむなら、もらった手紙の最後に直接書き込んで送り返せばいい。ただし会社の方針で、社外に対してはもっとていねいな返信のしかたが必要だというなら、新たに文書をつくる手間ひまを惜しんではいけない。ときには顧客や世間に与える印象のほうが、時間の節約よりはるかに大切だ。

返信を人に任せる

手紙でよそから情報を求められ、その入手を部下に頼むときは、情報の入手だけを指示せずに、返事を書くこと全体を任せるといい。そうすれば上司は時間の節約になるし、部下も一つのまとまった仕事をやり遂げるという貴重な経験ができる。初めのうちは上司が読み直して清書にサインや捺印する必要があるだろうが、部下が慣れてくれれば、上司がかかわる必要はまったくなくなるだろう。

捨てる

社内の他部門から送られてくるものの多くはただ一読すればよく、何も行動を取る必要がない。そういう文書をふたたび読む必要が生じるとはまず考えられない。だからファイルするのはやめることだ。読んだらすぐ捨ててしまう。そんな無茶なと思われるかもしれないが、そういうもののほとんどは保存の必要性が現実的にはまったくないものだ。捨てたあとで必要になる可能性はゼロではないが、発信元か、受け取った他の人に頼めば、まちがいなくコピーが手に入る。行動を必要としない通知や業務文書を直ちに捨てれば、ファイルするスタッフの手間も省け、ファイルが棚からあふれるという問題も解消できる。

電子メールの書き方、留意点

電子メール（Eメール）を書くときにも、ふつうの手紙や通知を書くときと同じ注意が必要だ。電子メールが文字によるコミュニケーションの一種だということを忘れないでほしい。電子メールは手紙ではなく、電話のかわりだと思っている人が大勢いて、彼らはちゃちゃっとメッセージを走り書きして、文体はおろか内容にもほとんど気をつかわない。しかし電話とは違い、電子メールはデータとしても、またプリントアウトのかたちでも保存できる。だから実際には慎重にプランを立てて書かれるべきなのだ。

職場同士や職場内の連絡は、最近はもっぱら電子メールというところが多い。経営コンサルタントのエルンスト&ヤングが行なった調査でも、電話も含めた他のどんなコミュニケーション手段よりも電子メールをよく使うという人が、回答者の三六パーセントを占めた。

パソコンを使う電子メールのかわりに、あるいはそれと併用して、近ごろ多くの、とくに若い世代のビジネスパーソンが使っているのが携帯メールだ。携帯メールをビジネスに用いる傾向は、二一世紀の最初の一〇年間でいっきに増大した。種々の緊急・最新情報の配信受信や、出先での業務確認など便利な使い方がいろいろあるし、サービス提供者とクライアントが(たとえば株式仲買人と投資家が)即時的にやりとりするときなどにも向いている。

携帯メールで文章を送るときも、パソコンで書くときと同じ注意が必要だ。

❖わかりやすくて好感を与える電子メールを書く

◆何をどう書くかを慎重に考える。気楽な雑談ではないときは、正式な手紙と同様にきちんとプランを立てて書く。指示を出すなら、どんな行動を求めているかが読み手に正確に伝わるように。問い合わせに答えるなら、求められた情報がすべて揃った適切な答えになっているように。

◆「件名」は内容がわかるものにする。相手は毎日何百通というメールを受け取っているかもしれない。私たちのメッセージをすみやかに読んでもらうには、相手の注意を引くような件名をつけることだ。たとえば「営業報告」とするよりも「六月の販売実績」といった、内容が具体的にわかるものがいい。

◆電子メールを書くときも、この章で記してきた、手紙や業務連絡を書くときのアドバイスに従ってもらいたい。考えにタブ（ＴＡＢ）をつけて整理する。文章は「簡にして要を得る」ことを心がけ、短い、パンチの利いたものにする。一読して要点がわかることが大切だ。

◆添付ファイルがあるときは、何を添付したか本文中に明細を記し、すべて届いたかどうかを読み手が確認できるようにする。

◆短縮形、略語、業界用語などのいわゆるジャーゴン（隠語）は、相手に通じるかどうかはっきりしないうちは使ってはならない。

◆送信する前に入念に読み返し、誤字や脱字がないようにする。少しでも不安があったら送ってはならない。十分に納得がいくまで読み返し、書き直してから送信する。

信念をもってやっていることなら、何があってもやめてはいけない。世の中の偉業といわれるものの多くは、不可能という他人の見方をくつがえしてなし遂げられている。肝心なのは、その仕事をやり通すということだ。

デール・カーネギー

◆◆◆メール洪水

電子メールはもううんざりという人がいる。忙しくて読むひまもないのに、読めばますます仕事が増える。

どこの会社でもいまは多くの従業員が、毎日電子メールでジョークや個人的な通信や、何々をあげますとかもらってくださいというような（「かわいい仔猫が六匹生まれました。どなたかもらってくれませんか?」など）取るに足らない情報をやりとりしたり処理したりに尋常でない時間を費やしている。それらはほとんどの受信者にとって不必要な情報だ。会社のなかにはスパムメールと呼ばれる迷惑メールだけでなく、そういう不要な広告・告知メールを、通常のメールから減らす対策を取っているところもある。

メール洪水のもう一つの例は、メーリングリストのなかのほんの数人にしか必要でない情報を全員に送信することだ。たとえば明日休みを取ろうと思っている人が、それを「全員」に知らせたら、本当に知っている必要のある人はほんの二、三人しかいないのに、三五人が手間を取られる。自分は重要人物だという意識がついそうさせるのかもしれないが、たぶん必要な名前を選び出すよりも「全員に送信」のほうがらくだからだ。返事を出すときも、本当に全員が返事を必要としているのでないかぎり「全員に返信」してはいけない。

電子メールを日々大量に受け取っている人は、受信したまま無視するかもしれないし、うっかり消してしまうかもしれない。大事なメールは受信者に、受信確認や開封確認の通知を求めたほうがいい。とりわけ重要な用件のときは、受信したかどうか電話して確認するくらいの気をつかうべきだ。

電子メールで「通信の秘密」は守られるか

電子メールでは「通信の秘密」が守られるのだろうか？　答えはノー。あまり信頼はできない。もちろん一人ひとりにパスワードがあって、プライバシーは保証されることになっている。だがどんなに精巧なシステムでも、ハッカーの手にかかればひとたまりもないことはすでに証明済みだ。電子メールは「盗聴」されると思っておいたほうがいい。内密にすべき通信には電子メールは使うべきでない。

だいたいに会社のコンピュータから送信する電子メールは、会社の人間なら誰でも読めることを忘れてはいけない。ここ数年、会社の規則に違反する電子メールを送ったという理由で従業員が解雇されるという事件がアメリカでたびたび起きており、プライバシーの侵害だという従業員側の訴えは棄却されている。

もっと深刻なのは、社員が性的嫌がらせや差別的とみなされるジョークや発言を電子メールで送信したケースだ。そういうメールのプリントアウトが社員とその会社に不利な証拠として法廷にもち込まれており、たとえ会社側がそういうメッセージの存在を知らなくても、送信者と会社の両方が法的措置を言い渡され、送信者は免職という結末に至っている。

メールか、電話か、訪問か

電子メールで連絡を取るようになってから、電話で、あるいは直接会って話をする機会がめっきり減ったという人が大勢いる。電子メールを使えば用事が簡単にすむことが多い。デスクを離れなくてもいいし、電話より時間もかからない。世間話やどうでもいい議論にむだ使いしている時間はないのだから。送信されるメッセージはおのずとほぼ用件のみの味気ないものになる。しかし実際にはたわいのないおしゃべりや、とりとめのない議論がとても重要な役割を果たしていることがとても多い。また電話なら、即座に相手の反応がわかる。それによって伝えるべきことがより明確に伝えられたり、伝えた内容を双方が同じように解釈しているかどうかも確認できる。

電子メールに電話や訪問の肩代わりをさせてはいけない。声と声、顔と顔のふれ合いを絶やさないことが人と人とのきずなを強くする。それは信頼関係を築き、維持するのにきわめて重要なものと心得てほしい。

電子メール――するべきこと、してはならないこと

1◆電子メールや携帯メールはきちんとプランを立てて書く。
2◆必ず何回か読み直してから送信する。

3◆返事が必要でないなら受信者にそう伝える。それによって両方が時間とメールを節約できる。

4◆箇条書きを使う。段落に分けて書くより読みやすく、要点がつかみやすい。

5◆会社のパソコンから下品な話や不健全なジョークを送ってはならない。

6◆受信したらすみやかに返信する。とりわけ急を要するときは、コミュニケーションのスピードというこの通信手段の最大の利点を活かす。

7◆電子メールに電話や訪問のかわりをさせてはならない。人間関係を維持するには声と声、顔と顔のふれ合いを絶やさないことが大切だ。

8◆勤務時間と会社のパソコンを使ってメールでゲームをしたり、チェーンレター（幸福の手紙のような）を出したり受けたりするような暇つぶしをしてはならない。

9◆会社のパソコンに差別的な文書やポルノ的な画像などをダウンロードしてはならない。電子メールには人に読まれたり、組織内の誰かを怒らせたり傷つけたりする可能性があることを忘れないように。恥をかくだけでなく、場合によっては性的・差別的嫌がらせのかどで告発される。

10◆電子メールで陰口やうわさ話を広めてはならない。陰口はどんなときでも言ってはならないが、電子メールの場合は大勢の人にいっきに広まる。

11◆重要なメールを送ったときは、受信したことを知らせるよう受信者に要求する。または送信後に電話して確認する。
12◆全員に必要なメッセージでないかぎり、メーリングリストの「全員」に送ってはならない。

報告書を作成する

管理職は日常の業務や、上司から割り当てられた企画について報告書を書かなければならない。そういう報告書はしばしば企画を成功させるカギになるだけでなく、何をどう書くかで書き手の力量も判断される。

家具会社の仕入部長のドゥニーズは、新任アシスタントのゲーリーが提出してきた報告書を一読してがくぜんとした。数種のフォークリフトのなかからどのタイプが最も社の必要を満たすか調査してほしいと頼んだのだが、その報告書はまるで用をなさない代物だったのだ。表面的な事実をただ並べただけで明快な分析がなく、論理的な判断を下すのに不可欠な情報がまるでない。これでは調査はやり直しだが、そうしていると必要な装備の入手が大幅に遅れるだろう。ゲーリーにまとまった仕事を割り当てたのはこれが初めてだったが、ドゥニーズはがっかりした。おそらく彼をその職に取り立てたのがまちがいだったのだ。

よく調査されても考えられてもおらず、ちゃんと書けてさえいない報告書を平気で提出する人が大勢いる。なぜか？　おそらく彼らは基礎的なデータを提示すればそれでいいと思っている。すぐれた報告は、ただの基礎的な情報の羅列とは大きく違うものだ。対象にかんするほしい知識が十分得られ、それにもとづいて必要などんな判断でも下せるものでなければならない。明瞭に簡潔に書かれ、読み手が不必要な情報にわずらわされずに、関心のあるところへまっすぐ到達できるものでなければならない。

◆情報を集める

報告書を書くにも綿密な準備が必要だ。フォークリフトについての情報収集という仕事をもらったときにゲーリーがしたことは、大手メーカー三社に資料を請求し、そこからいくつかの事実を抜き出して、思うことをまとめただけだった。もっと役立つ報告書をつくるには、ゲーリーはどうするべきだったのか？

1◆目的を明確にする

その報告書の目的は何か？　ほしい情報がわからないと時間も努力もお金もむだになる。ゲーリーは、ドゥニーズがどういうことを知りたいのか質問するべきだった。報告書がどう使われるのか書き手が認識していないと、肝心のところが飛ばされて、見当はずれのところに時間がかけられることになる。

2◆事実を収集する

目的がはっきりしたら、必要な情報をすべて集める。ゲーリーがメーカーから資料を取り寄せたのはよかったが、それだけでは足りない。フォークリフトを実際に使っている社内の人たちから事情を聴いて、いまどんな問題が起きているのか、新しい機種に何を期待するのかを調べておくべきだった。また重機類をあつかう地元代理店のセールスパーソンと話をしたり、あるタイプのものをすでに使っている人たちの意見を聞いたりすれば、どんな機種が自分たちの要求にはより適しているかといったこともわかっただろう。

3◆事実を分析する

情報が集まったら、あらゆる事実を整理して、各タイプの長所短所が見比べやすいように一覧表にして比較し、分析する。そうすれば総合的に見てどれがいちばんニーズを満たしているかが判断しやすくなる。もしそれを買うのが明らかに有利とわかる製品があれば、ゲーリーが推薦すればいいし、ドゥニーズが自分で判断できるようにいくつか選択肢を提示できれば、もっといいかもしれない。

事実を収集して分析するときは、情報が散逸しないようにきちんとまとめて取っておくシステムが必要だ。一つの方法は、コンピュータにそのプロジェクト専用のフォルダーを開き、調査の分野ごとにファイルをつくって入れていく。これを補うものとしてファイルボックスやフォルダー、または封筒を用意し、そこに製品のパンフレットや聴き取り調査のレポートや、価格表などを入れておくといい。そうやって情報をあらかじめ仕分けしながら収集していくほうが、何もかもいっしょに溜め込んで、あとで分類するよりずっと時間の節約になるだろう。

◆報告書を書く

すべてのデータを集めて整理し、評価したら、もう報告書が書ける。ビジネスの報告書は読みやすいことが第一だ。用語も形式も読み手となる人が慣れ親しんだものにする。技術系でない管理職のためにエンジニアが報告書を書くときは、できるだけ専門用語を使わずに書く。

読み手が文章や、内容の細部や図表の類などにどういうものを期待しているかがわかれば、ずっと書きやすくなる。ドゥニーズは短くて簡単明瞭なのが好きなのか、それとも詳細をきわめるのを評価するのか？　グラフや図表を歓迎するのか、それとも正確な数字のわかる統計表のほうがいいのか？　そういうこともゲーリーは知っておかなければならない。

読み手を知ることだ。読み手の興味と要求に合わせて報告書を調整する。誰か特定の人のために書くのなら、その人の好みに合わせない法はないではないか。

◆◆◆報告書の形式

報告書に理想的な形式というものはないが、以下のような構成は効果的なことが証明されている。

1◆課題

まず何の報告書かを手短に述べる。

「ご依頼により、当社の倉庫で使用するフォークリフトのメーカーと機種について調査した結果を報告します」

2◆結論と推薦

初めに結論と推薦することがらを書いてしまう。そうすることで最も重要な情報がすぐわかる。読み手が詳細な情報にわずらわされずに結果を知ることができる。

3◆詳細な情報

報告書の血肉となる部分。結論と推薦の裏づけとなるあらゆる情報を提示する。表やグラフや統計などをそえればぐんとわかりやすくなるし、場合によっては写真も効果が高い。

文章に気をつかう。終始「簡にして要を得る」ことを心がける。凝った言葉や文体を使う必要はない。それより読み手の関心や知識的背景に合わせた用語を使うことだ。また言葉の意味や使い方をまちがえないことも大切だ。ただし文章構造にあまりに変化がなかったり、ボキャブラリーがあまりに貧困だったり、決まり文句が多すぎたり、文体が平凡すぎたりしては、報告書がひどく退屈な、ぱっとしないものになる。

報告書の長さは――すべてを語るのに必要な長さだ。それより一行でも長くてはいけない。くり返しを避ける。言葉を替えて同じことを何度も言うのは、むだに長くなるだけで、報告書によく見られる欠点だ。

◆報告書を提出する

報告書を提出する前には、とくに念を入れて読み直す。たとえ内容がすぐれていても、誤字があったり文法が正しくなかったり、チェックがずさんだったりすると、それだけで信頼を失う。とくに数字は注意深く見直さなければならない。できればその題材に詳しい誰かに読んでもらうといい。

報告書は仕事の力量を認めてもらうチャンスだ。細心の注意を払って情報を収集し、提示し、意見を一つの文書にまとめる。それは情報を使いこなし、アイディアを人に伝えられる人間であることの証明となって、上司の評価を大きく上げるだろう。

まとめ

◆書く前にプランを立てる。
◆簡潔ながら明瞭にして行き届いたものにする。
◆語りかけるつもりで書くと、読みやすくわかりやすい文章になる。
◆場合により図表、グラフ、写真などを使って話をふくらませたり明瞭にしたりする。
◆文法や誤字に注意する。書く力量は仕事の力量と心得る。
◆電子メールや携帯メールにも、通常の手紙を書くときと同様の注意を払わなければならない。
◆報告書を書くときは、あらゆる事実を収集し、状況を分析する。そして提出する相手が実際には何を求め、それをどのように提示してほしいのかを理解して書く。

デール・カーネギーの原則

人にもっと好かれる人間になる三〇の原則

1◆批判しない。非難しない。小言を言わない。

2◆心からほめる。正直にほめる。

3◆人を心からそうしたいという気持ちにさせる。

4◆人に心から関心をもつ。

5◆笑顔を忘れない。

6◆名前はその人にとって、他の何よりも心地よく聞こえる言葉であることを忘れない。

7◆よい聴き手になる。人に自分についての話をさせる。

8◆相手が興味をもっていることを話題にする。

9◆相手に自分は重要な人間だと感じさせる。心からそうつとめる。
10◆議論に勝ちたければ、議論しないことだ。
11◆人の意見に敬意をしめす。「あなたはまちがっている」と決して言わない。
12◆自分がまちがっていたら、直ちにはっきりと認める。
13◆話は愛想よく切り出す。
14◆即座にイエスと答える質問をする。
15◆心ゆくまで話をさせる。
16◆これは人から押し付けられたのではなく、自分の考えだと思わせる。
17◆相手の立場でものを見ることに真剣につとめる。
18◆考えと欲求に共感する。
19◆高いこころざしに訴える。
20◆アイディアをドラマティックに演出する。
21◆チャレンジ精神に訴える。
22◆まずほめる。正直にほめる。話はそれからである。
23◆ミスは直接指摘せず、間接的な方法で当人に気づかせる。
24◆他人を批判するまえに、自分の失敗談を打ち明ける。
25◆命令するかわりに質問する。

26◆相手の顔をつぶさない。
27◆進歩はどんなにわずかなものでも、そのつどほめる。
「心からうなずき、惜しみない賛辞をおくる」ことを忘れない。
28◆高い評価を与え、期待に応えさせる。
29◆励まして、欠点は容易に直せるという気持ちにさせる。
30◆こちらの提案に喜んで従える工夫をする。

悩みを乗り越える基本的原則

1◆今日というこの一日だけを生きる。
2◆困難に直面したら——
a◆起こりうる最悪の事態は何かを自問する。
b◆その最悪の事態を受け入れる覚悟をする。
c◆その最悪の事態が少しでもよくなるような努力をする。
3◆悩むと、その高額のツケを健康で支払うことになるのを忘れてはならない。

悩みを分析する基本的テクニック

1◆あらゆる事実を入手する。
2◆すべての事実をはかりにかけてから決断する。
3◆ひとたび決断したら、行動する。
4◆つぎの質問を書き出しておき、それに答える。
a◆問題は何か？
b◆問題の原因は何か？
c◆どんな解決法が考えられるか？
d◆最良の解決法はどれか？

悩み癖を寄せつけない六つの心得

1◆忙しく暮らす。
2◆小さいことで大騒ぎしない。
3◆めったに起きない事態を想像して取り越し苦労をしない。

4◆避けられないこととは共存する。
5◆それがどれだけ悩む価値のあることかを判断し、それ以上に悩まない。
6◆すんだことにくよくよしない。

心の姿勢を養い、安らぎと幸せを呼ぶ七箇条

1◆穏やかで、勇敢で、健全で、希望に満ちた考えで頭をいっぱいにしておく。
2◆仕返しをしようとしない。
3◆感謝されることを期待しない。
4◆幸せの数を数える。苦労の数ではなく。
5◆人の真似をしない。
6◆失敗から学ぶようつとめる。
7◆他人を幸福にする。

デール・カーネギーについて

デール・カーネギーは、今日ではヒューマン・ポテンシャル・ムーブメント（人間の潜在性開発運動）と呼ばれる成人教育活動のパイオニアである。彼の教えと著作はいまも世界中で、人々が自信をもち、人柄をみがき、影響力のある人間になる後押しをしている。

カーネギーが初めて講座を開いたのは一九一二年、ニューヨーク市のＹＭＣＡでのこと。それはパブリックスピーキング、すなわち人前で話すことやスピーチのしかたを指導する教室だった。当時のほとんどの話し方教室がそうだったように、彼の講座も、すぐれた話し方の基礎理論から始まった。しかし生徒たちはたちまち飽きてしまい、そわそわとよそ見をしはじめる。これはなんとかしなければ……。

デールは講義をやめて、教室のうしろのほうに座っていた一人の男性に声をかけ、立って話をしてくれないかと頼んだ。自分のいままでのことについて何でも思いつくままに話していいからと。その生徒の話が終わると、別の生徒にも同じことを頼み、そうやって順々に話をさせていくうちに、結局はクラス全員が自分のことについてちょっとしたスピーチをしていたのだった。クラスメートの励ましとカーネギーの指導によって、誰もが人前で話すことへの恐怖心を乗り越え、りっぱに話していた。カーネギーはそのときのことを、のちにこう報告している。「私はそれと気づかないうちに、恐怖心を克服する最良の道へと、よろめくように踏み出していたのである」

カーネギーの講座は大人気となり、他の都市からも開催を頼まれるようになった。それからの年月、彼はたゆむことなく講座を改良しつづける。生徒たちが最も関心をもっているのが、自信を高めることや人間関係の改善、社会的成功、そして不安や悩みの克服などだとわかると、講座のテーマもパブリックスピーキングから、そういうものへと変わっていった。それ自体が目的だったスピーチは、他の目的のための手段になった。

カーネギーは生徒たちから学んだことにくわえて、成功した男女が人生をいかに生きてきたかを徹底的に調査し、その成果を講座に取り入れた。そこから彼の最も有名な著作『人を動かす』（*How to Win Friends and Influence People*）が誕生する。

その本はたちまちベストセラーとなった。一九三六年の初版以来、一九八一年の改訂版と合わせて販売部数は二〇〇〇万部以上。三六の言語に翻訳されている。二〇〇二年には「二〇世紀最高のビジネス書」に指名され、二〇〇八年にはフォーチュン誌から「リーダーの本棚に備えられるべき七冊の本」の一冊にも選ばれた。一九四八年に出版された『道は開ける』（*How to Stop Worrying and Start Living*）も、数百万部の売れ行きとなり、二七の言語に翻訳されている。

デール・カーネギーと彼が創立したデール・カーネギー協会の後継者たちがこれまでに開発し指導してきたコースやセミナーは、すでに世界七〇カ国以上で、何百万人もの人々に受講され、工場やオフィスに勤める人たちから政府の高官まで、あらゆる社会階層の人々の人生を変えている。修了生には大企業のＣＥＯ（最高経営責任者）もいれば、議員もいる。あらゆる業界の、あらゆる規模の会社や組織のオーナーや管理職がいる。そこでの経験によって人生が豊かになった数え切れない有名無名の人々がいる。

一九五五年一一月一日、デール・カーネギーが世を去ると、ワシントンのある新聞は死亡記事で彼の功績をこう称えた。「デール・カーネギーは宇宙の深遠な謎の何かを解明したわけではない。しかし、人間がおたがいに仲良くやっていくすべを知るという、ときには他の何より必要と見えることに、おそらくは今日の誰よりも貢献した」

デール・カーネギー協会について

デール・カーネギー・トレーニングは一九一二年、自己改善の力にかける一人の男の信念によって始められ、今日では世界中に拠点をもつ組織となって、実践を中心にしたトレーニングを行なっています。その使命はビジネス社会の人々にスキルをみがき能力を向上させる機会を提供して、強く安定した、高い利益につながる実力を身につけていただくことです。

創業当初のデール・カーネギーの知識は、それからほぼ一世紀におよぶ実社会のビジネス経験をとおして更新され、拡大され、洗練されてきました。現在は世界に一六〇箇所ある公認の拠点を通じ、あらゆる業種、あらゆる規模の会社や組織でのトレーニングやコンサルティング業務の体験を活用して知識と技術の向上に励んでいます。この世界中から集められ、蓄積された経験は、ビジネス社会に対する深い眼識となり、日々に拡大される知恵の宝庫となって、高い業績を追うクライアントの厚い信頼を得ています。

デール・カーネギー・トレーニングはニューヨーク州ホーポーグに本部を置き、アメリカ合衆国五〇州のすべてと七五をこえる国々で講座を開いています。プログラムを指導するインストラクターは二七〇〇人以上、使われる言語は二五以上。世界中のビジネス社会に役立つことに全力をあげており、じじつ修了生は七〇〇万人にのぼっています。

トレーニングの中心となるのが実用的な原則とその習得です。独特のプログラムが開発されており、人々がビジネス社会で自らの価値を高めるのに必要な、知識とスキルと実践の場を提供しています。実社会で出会う種々の問題と、効果の証明された解決法とを結びつけるデール・カーネギー・トレーニングは、人々から最良のものを引き出す教育プログラムとして世界中から認められています。

デール・カーネギー協会では品質保証の一環として、トレーニング効果の測定・評価を行なっています。現在進行中の顧客満足度に対する世界的な調査では、修了生の九九パーセントが、受けたトレーニングに満足したと回答しています。

編者について

本書の編者アーサー・R・ペル博士は、二二年間デール・カーネギー協会の顧問をつとめ、同協会よりデール・カーネギー著『人を動かす』（*How to Win Friends and Influence People*）の改訂・編者に選任されている。『自己を伸ばす』（*Enrich Your Life, the Dale Carnegie Way*）の著者であり、一五〇の業界・専門誌に毎月掲載されたデール・カーネギー特集「ザ・ヒューマンサイド」の執筆・編集も行なった。

人材管理、人間関係改善、自己啓発にかんする著作は五〇作以上、記事は何百編にもおよぶ。またナポレオン・ヒル『思考は現実化する』、ジョセフ・マーフィー『眠りながら成功する』、ジェームズ・アレン『「原因」

と「結果」の法則』、ヨリトモ・タシ『コモンセンス』などのほかオリソン・スウェット・マーデン、ジュリア・セトン、ウォーレス・D・ワトルズらによる潜在性開発分野の古典的作品の改訂・編集も行なっている。

〈訳者紹介〉

片山陽子（かたやま・ようこ）

翻訳家。お茶の水女子大学文教育学部卒業。訳書はE・ウィナー『才能を開花させる子供たち』（日本放送出版協会）、J・キーオ『マインド・パワー』（春秋社）、F・ジョージ『「できない自分」を「できる自分」に変える方法』（PHP研究所）、A・クライン『笑いの治癒力』、A・ロビンソン『線文字Bを解読した男』、G・E・マーコウ『フェニキア人』（以上、創元社）など多数。

D・カーネギーの会《かい》話《わ》力《りょく》

二〇一〇年六月二〇日　第一版第一刷発行
二〇一六年六月二〇日　第一版第三刷発行

訳者　片山陽子
発行者　矢部敬一
発行所　株式会社　創元社
〈本　社〉〒五四一-〇〇四七
大阪市中央区淡路町四-三-六
電話（〇六）六二三一-九〇一〇㈹
〈東京支店〉〒一六二-〇八二五
東京都新宿区神楽坂四-三　煉瓦塔ビル
電話（〇三）三二六九-一〇五一㈹
〈ホームページ〉http://www.sogensha.co.jp/

印刷　太洋社　組版　はあどわあく

ISBN978-4-422-10034-0 C0311

創元社刊●カーネギー関連書

新装版 道は開ける　D・カーネギー著、香山晶訳 電 オ 特 文

新装版 人を動かす　D・カーネギー著、山口博訳 電 オ 特 文

新装版 カーネギー話し方入門　D・カーネギー著、市野安雄訳 電 文

新装版 カーネギー名言集　ドロシー・カーネギー編、神島康訳 文

新装版 カーネギー人生論　D・カーネギー著、山口博・香山晶訳 文

新装版 リーダーになるために　D・カーネギー協会編、山本徳源訳

新装版 自己を伸ばす　A・ペル著、香山晶訳

新装版 人を生かす組織　D・カーネギー協会編、原一男訳

セールス・アドバンテージ　D・カーネギー協会編、J・O・クロムほか著、山本望訳

D・カーネギー・トレーニング　パンポテンシア編

13歳からの「人を動かす」　ドナ・カーネギー著、山岡朋子訳

人を動かす2――デジタル時代の人間関係の原則　D・カーネギー協会編、片山陽子訳 電 オ

マンガで読み解く 人を動かす　D・カーネギー原作、歩川友紀脚本、青野渚・福丸サクヤ漫画 電

マンガで読み解く 道は開ける　D・カーネギー原作、歩川友紀脚本、青野渚・たかうま創・永井博華漫画 電

（電＝電子書籍版、オ＝オーディオCD版、特＝特装版、文＝文庫版もあります）